酒好きが高じて『麴のおつまみ』の三冊を、立て続けに出版しました。
あのころの忙しさやプレッシャーを思い出すと今でもぞっとしますが、私はラッキーなことに優秀で素敵な仲間に恵まれたので、撮影の現場ではいつも笑いがあふれていて、それがそのまま形になったような本が作れました。
そんな、いろんな思い出が詰まった三冊が、いいとこ取りの「ベスト盤」のような形で新たに出せるなんて、夢にも思わなかった幸せです。ボーナストラックのように、甘酒やしょうゆ麴、簡単な味噌作りのレシピも掲載しました。
飽きっぽい私が、10年以上も飽きずに夢中になっている麴は、今でも日本の人々に愛され続けています。さらに最近は、10年前には麴の存在すら知らなかったであろう若い人達や、海外の発酵マニアにも見直されていて、なんだかとってもうれしいです。麴を好きになったら、いいことしかありません。とても簡単に作れるレシピをたくさん掲載しているので、ぜひ、興味があるものから作ってみて、麴生活を楽しんでください。

おのみさ

目次

第一章 麹のいろは

第二章 塩麹のレシピ

第三章 甘酒・しょうゆ麹 味噌・酒粕のレシピ

この本の使い方

基本事項

■材料は、ことわりがない限り2人分表記です。

■大さじ１＝15ml、小さじ１＝５ml、１カップ＝２００ml、１合＝１８０mlです。

■電子レンジは６００Wの場合の目安です。電子レンジ、オーブントースターは機種によって加熱時間が異なるので、取扱説明書の指示に従い、様子を見ながら調整してください。

■フライパンは原則としてコーティング加工を施したものを使用しています。

材料について

■材料表にある麹は米麹です。

■材料表にある塩麹は、この本では39～41ページに作り方を紹介しているものを使用していますが、ふだん使っている塩麹でかまいません。塩分濃度の異なる場合があるので、味を見ながら調整してください。

■材料表にある甘酒は、この本では１２１～１２２ページに作り方を紹介しているものを使用していますが、ふだん使っている甘酒でかまいません。甘さが異なる場合があるので、味を見ながら調整してください。

■材料表にあるしょうゆ麹は、この本では１３３ページに作り方を紹介しているものを使用していますが、ふだん使っているしょうゆ麹でかまいません。塩分濃度の異なる場合があるので、味を見ながら調整してください。

■材料表にある味噌は、この本では１４４～１４７ページで作り方を紹介しているものを使用していますが、ふだん使っている味噌でかまいません。塩分濃度の異なる場合があるので、味を見ながら調整してください。

■材料表にある酒粕は、この本では板粕（またはバラ粕）を使用していますが、ふだん使っている酒粕でかまいません。酒粕によってはアルコール度数や風味などが異なるので、味を見ながら調整してください。

■材料表にある塩は、この本では自然塩を使用しています。精製塩を使う場合は味を見ながら調整してください。

■材料表にある油は、この本ではサラダ油を使用していますが、オリーブ油などふだん使っている油でかまいません。

■材料表に「適宜」と書かれている材料は、お好みで用意してください。

注意点

■麹を使った食材は、保存状態や扱い方によっては味やにおいに異常を感じたり、雑菌が繁殖したりする場合もあります。また、まれに麹が体質に合わない場合もあります。不調を感じたときは摂取を中止し、医師に相談してください。

■酒粕はアルコールを含んでいるため、医師からアルコール摂取を止められている場合は避けてください。加熱すればアルコール分は蒸発しますが、アルコールに弱い方や小さなお子さんが食べる際にはじゅうぶんに注意をしてください。

■保存期間は目安です。保存状態によって異なるので、見た目や味、においなどに異常を感じたら食べないようにしてください。

第一章　麹のいろは

麹ってすごい！

ようこそ、麹の世界へ。
米からできる麹には、
こんなに「いいこと」がたくさんあります。

食べものをおいしく変身させる

麹には、食材をよりおいしいものに変身させる力があります。微生物の力を借りて食材本来のうまみを引き出し、やわらかい質感を生み出して、私たちが「おいしい」と感じる食べものの風味をかたちづくるのです。

たくさん酵素をつくる

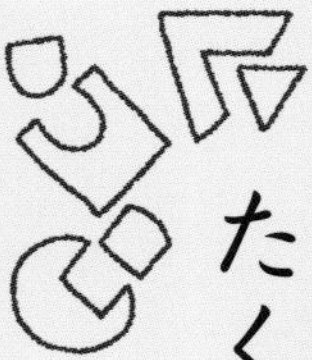

麹は１００種近くもの酵素を含みます。酵素はそれぞれ別の役割を持っており、特に消化酵素は、食材のデンプンやタンパク質を分解して糖やアミノ酸を生成し、食べものを消化吸収しやすい状態にしてくれます。

日本人の健康のもとである

麹は、味噌や甘酒など日本の伝統的な発酵食品の原料です。これらを日常的に食べていると、体のエネルギー源となる糖やアミノ酸を効率よく摂取できるので、健康維持や体力増進、免疫力アップにもつながります。

神代から使われている

麹は、日本の国をまだ神様が治めていたという時代から使われていたといいます。はっきりとは分かりませんが、神様にお供えするために、何よりも大切な米からできた麹で酒を造ったのが始まりとされています。

日本のオリジナルである

麹は、蒸した米にカビの仲間である麹菌という微生物を繁殖させたものです。カビを使った発酵食品は、中国や韓国、東南アジアなどにもありますが、日本の麹菌と同じ種類のカビを使う国はほかにはありません。

麹って何？

日本人の食卓には、必ずと言っていいほど、麹からつくられた食品を使った料理が並びます。味噌汁の味噌、酢のものの酢、煮ものに使うみりんや日本酒、焼き魚にたらすしょうゆなど。日本で昔から使われてきた調味料は、どれも麹を使ってつくられています。漬けものにも、麹が使われていることがあります。

麹は、主に米、麦、大豆などの穀類からつくられますが、しょうゆや日本酒の中に、麹の姿は見つかりません。麹はそれ自体をそのまま食べることがないので、その存在に気づきにくいのです。特に、現代の生活で、味噌や漬けものを自分でつくることがなければ、麹の姿を見ることはほとんどなく、存在を意識することもないかもしれません。もちろん私もそうでした。

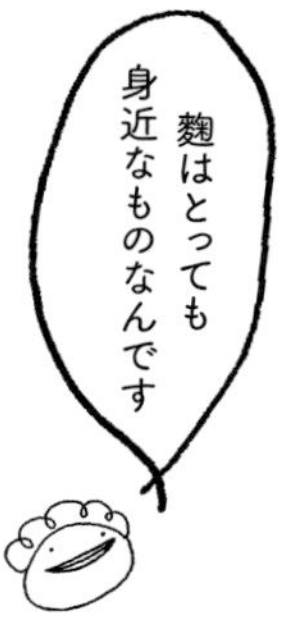

しかし、はるか昔から、麹は日本人にとって欠かせない存在です。日本の食文化をかたちづくり、日本人の健康を支えてきました。今でも、麹でつくった調味料の味で育ち、健康的な食生活を送ることができています。誰もが知らないうちに、麹の恩恵にあずかっているのです。

それなら、麹をもっと気軽に使う方法がないでしょうか。たとえば、イタリア料理やエスニック料理やスイーツにも、麹を使ってみてはどうでしょう。現代の食生活に合った麹の使い方があれば、きっと、新しい味の発見があるはずです。麹の力をもっと生かすこともできるはずです。そのためには、まず、麹がどんなものなのかを知りましょう。

料理の中に、麹の姿を見ることがないのは、麹が、食材を発酵させるスターターの役割をしているからです。味噌やしょうゆ、酢、みりん、日本酒といった調味料は、すべて麹を使った発酵食品（＊1）ですが、どれも麹がなければスムーズに発酵が進みません。たとえば、しょうゆは麹を使い、大豆や小麦を食塩水の中で発酵させて搾ったもの。日本酒は米、水、麹、酵母を原料にして発酵させ、搾ったもの。味噌は大豆を麹と塩に混ぜて発酵させた

（＊1）麹を使った発酵食品には、ほかに甘酒、酒粕、焼酎、泡盛、漬けものなどがある。麹を使わないそのほかの発酵食品としては、納豆、塩辛、くさやなどがある。（しょうゆ、酢、みりん、日本酒の製造工程は16～19ページを参照してください）

ものですが、よく見ると、米味噌なら、大豆の粒のほかに米粒のようなものが残っていることがあります。これが、米麹です。麹には、ほかに豆麹や麦麹などもありますが（＊2）、本書のレシピでは、特に手に入りやすく、料理に活用しやすい米麹を使います。

米麹は、蒸した米に「麹菌（＊3）」という微生物を繁殖させたもの。この微生物は、いわゆるカビの仲間（＊4）で、目に見えない小さな生きものですが、私たちの食生活に多大な影響を与えています。たとえば味噌の中の米麹は、米粒に米の栄養分を得て繁殖した麹菌がついていて、大豆が発酵するための手助けをしているのです。

カビというと、食べものを腐らせたり、アレルギーの原因になったり、私たち人間にとって不都合なことばかりする悪者と思われがちですが、一方で、古《いにしえ》より、日本の食文化において大きな役割を果たしてきた大変ありがたいカビもいるのです。本章では、麹を毎日の料理に生かしていくための準備として、まず、このカビが持つ不思議な力について見ていきましょう。

（＊2）主に赤味噌やしょうゆの原料になる豆麹、麦味噌や麦焼酎の原料になる麦麹のほか、玄米麹や発芽玄米麹も市販されている。

（＊3）麹黴（こうじかび）ともいう。枝分かれした糸状の菌糸の先に放射状に胞子（分生子）をつける。一個の胞子は１００分の１ミリにも満たず、肉眼では確認できない。

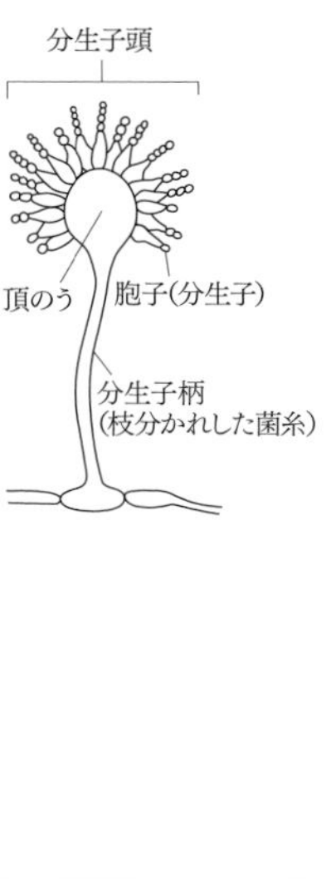

（＊4）キノコ以外の糸状の菌糸を持つ菌類は一般にカビと呼ばれ、約５０００属、４５０００種からなる。多くは湿度70％以上、温度20～30℃の環境を好むが、なかには乾燥を好むものや、低温・高温でもよく繁殖するものもある。

麹からできる食品
麹
日本酒
酢
みりん
塩麹
酒粕
焼酎
しょうゆ
味噌
甘酒
漬けもの

【コラム】麹と暮らす❶

世界の発酵食品

麹を使ったものに限らず、まさに世界の食文化は発酵食品によって彩られています。どの国でも発酵食品の始まりは有史以前にさかのぼり、なかでもワインは約8000年前から造られていたことが確認されています。ビールやウイスキー、パンなどは麦芽を使った発酵食品。ほかに、ヨーグルトやバター、チーズといった乳製品、アンチョビやピクルス、紅茶も、発酵の過程はそれぞれですが、発酵食品です。アジアでは、各国で使われる魚醤をはじめ、中国の豆板醤などの発酵調味料類、韓国のキムチ、インドネシアのテンペなどが有名です。

濃口・薄口・再仕込みしょうゆができるまで

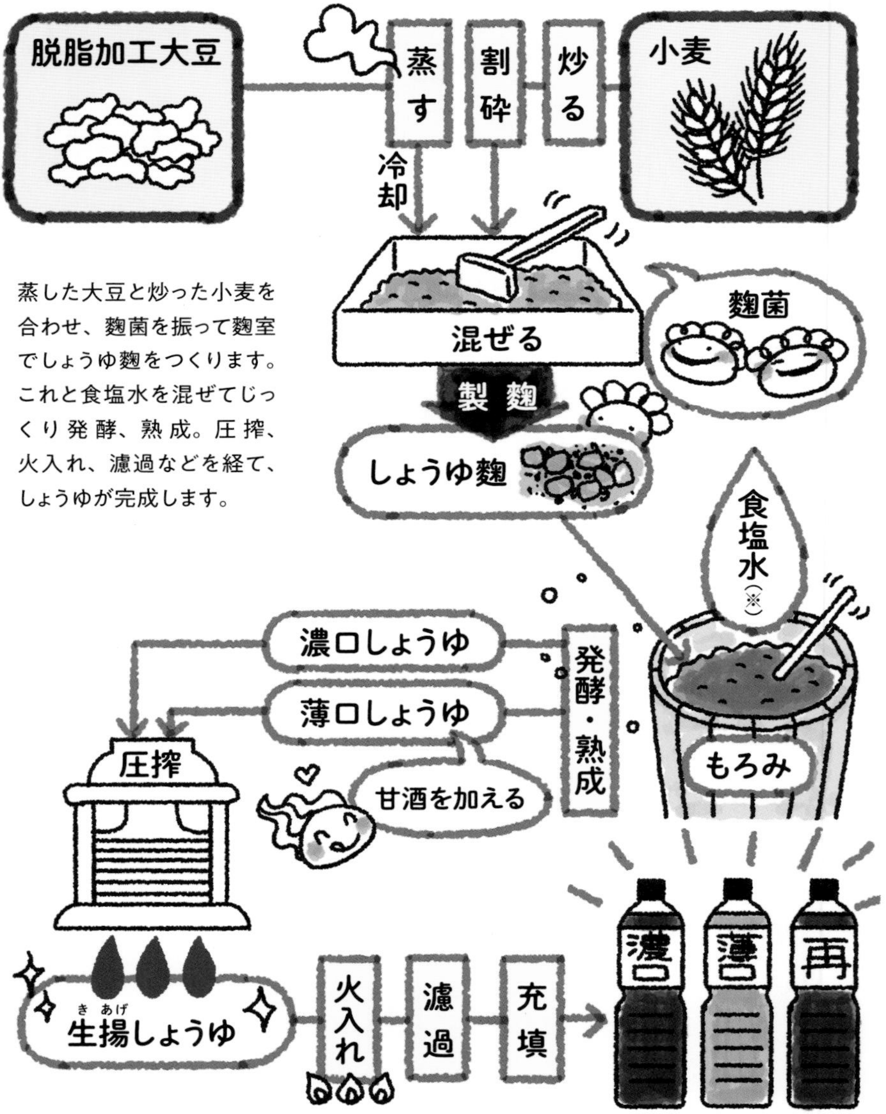

脱脂加工大豆
小麦
蒸す
割砕
炒る
冷却
混ぜる
麹菌
製麹
しょうゆ麹
食塩水（※）
もろみ
発酵・熟成
濃口しょうゆ
薄口しょうゆ
甘酒を加える
圧搾
生揚《きあげ》しょうゆ
火入れ
濾過
充填
濃
薄
再

蒸した大豆と炒った小麦を合わせ、麹菌を振って麹室でしょうゆ麹をつくります。これと食塩水を混ぜてじっくり発酵、熟成。圧搾、火入れ、濾過などを経て、しょうゆが完成します。

※再仕込みしょうゆの場合は食塩水ではなく生揚しょうゆで仕込みます。

米酢ができるまで

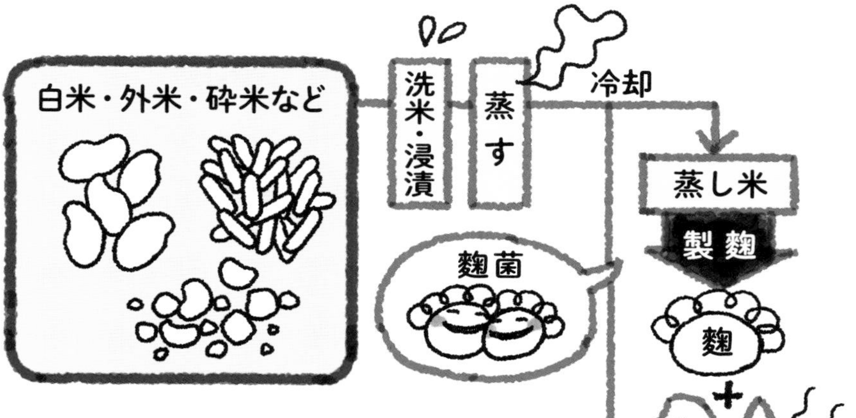
白米・外米・砕米など
洗米・浸漬
蒸す
冷却
蒸し米
製麹
麹菌
麹

蒸した米に麹菌を振って麹室で米麹をつくります。これと蒸し米と湯を混ぜて米を糖化させ、酵母菌を加えてアルコール発酵させます。ここに酢酸菌（種酢）を加えて酢酸発酵させたのち、熟成、濾過などを経て、米酢となります。

蒸し米
温水
糖化
酵母菌

アルコール発酵
圧搾
酢酸菌
米酢
す
zzz…
酢酸発酵
熟成
濾過
調製
殺菌
瓶詰め

みりんができるまで

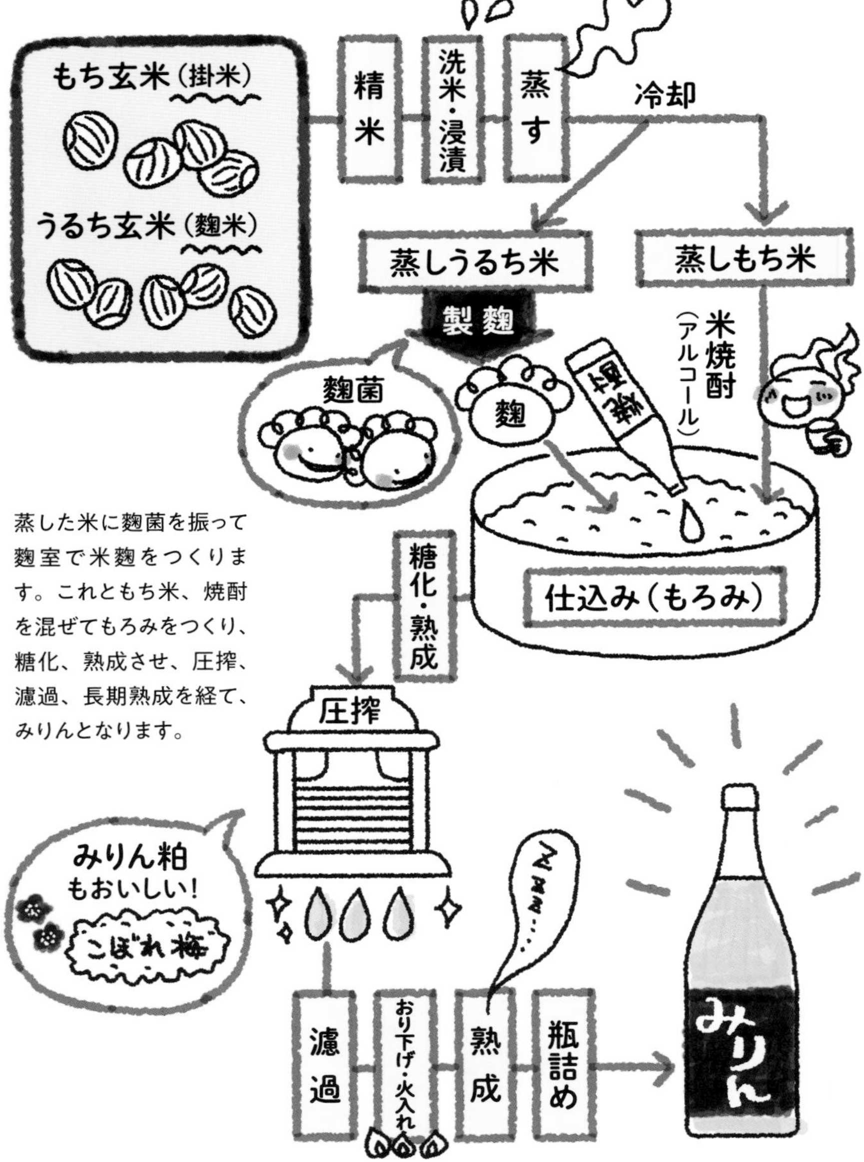

蒸した米に麹菌を振って麹室で米麹をつくります。これともち米、焼酎を混ぜてもろみをつくり、糖化、熟成させ、圧搾、濾過、長期熟成を経て、みりんとなります。

日本酒ができるまで

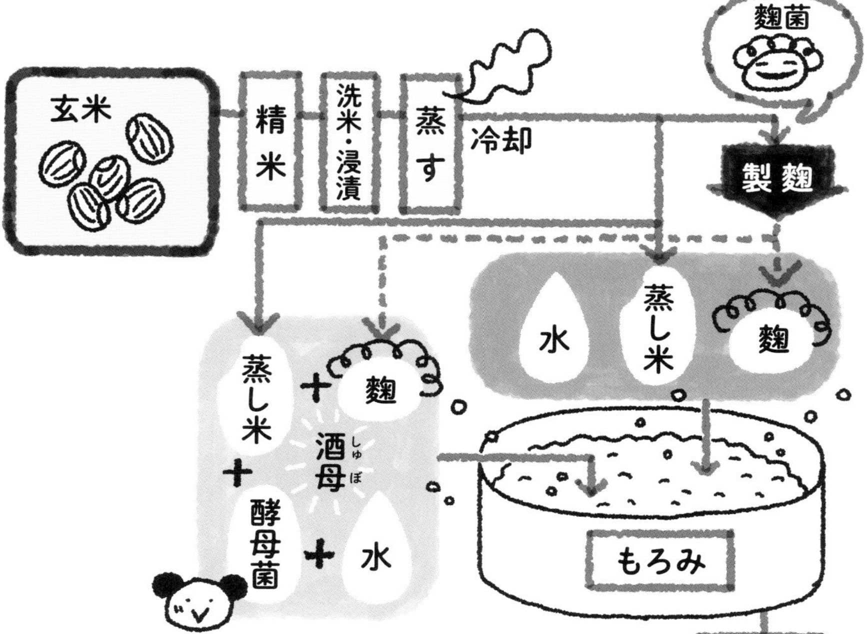

蒸した米に麹菌を振って米麹をつくり、蒸し米、水、米麹、酵母菌を合わせて酒母をつくります。仕込み用のタンクの中に、酒母、水、蒸し米、米麹を合わせてもろみを仕込みます。タンクの中では、麹が蒸し米のデンプンをブドウ糖に分解し（糖化）、これを酒母の酵母菌が食べてアルコールをつくります。このようにタンクの中で、糖化と酵母菌による発酵が並行しておこなわれることを「並行複発酵」といいます。じゅうぶんに発酵させたもろみを搾り（上槽）、濾過、火入れなどを経て、日本酒が完成します。

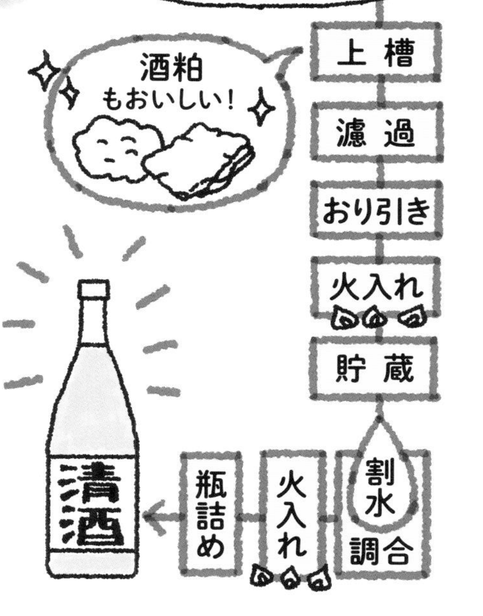

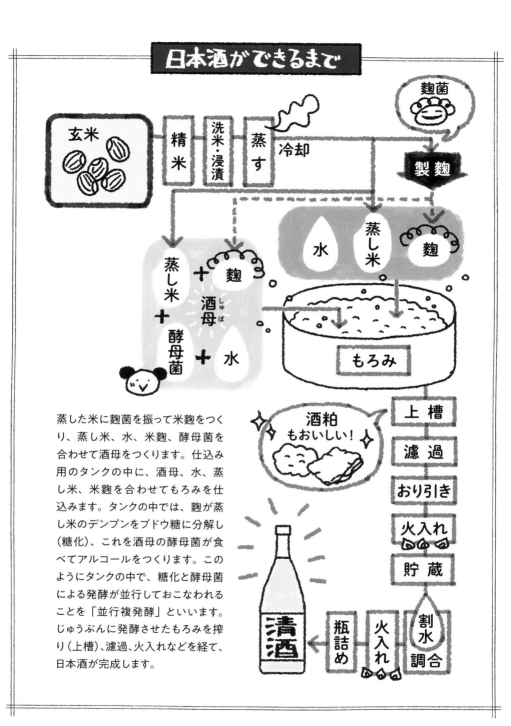

麹菌のはなし

初めて自分で味噌を作ったとき、ゆでた大豆と麹と塩を混ぜ、ねかせただけなのに、なぜ、味や香りや色（＊5）、質感までもがこんなに変化していくのだろうと驚きました。仕込んだそのときは、確かに大豆と麹と塩だったものが、味噌という別の食品に変わるのです。味噌に限らず、甘酒でも漬けものでも、何か目に見えないものの力がはたらいて、私たち人間がおいしいと感じるものが生まれていく様はとても神秘的。私は、そこに魅力を感じて麹の世界にのめり込んでいきました。

目には見えない麹菌（＊6）という微生物が懸命に生きていこうとする自然な営みが、麹料理のおいしさの源泉なのです。

米麹が蒸した米を使ってつくられるのは、栄養たっぷりの蒸し

（＊5）味噌の色が茶色くなるのは糖とアミノ酸の化学反応による「メイラード反応」である。また、発酵食品特有の香りは、乳酸菌、酵母菌などの発酵作用により生成されるアルコールや有機酸などが混ざり合って生まれる。

（＊6）ボンボンのように見えるのが麹菌の胞子（分生子）が集まった分生子頭。

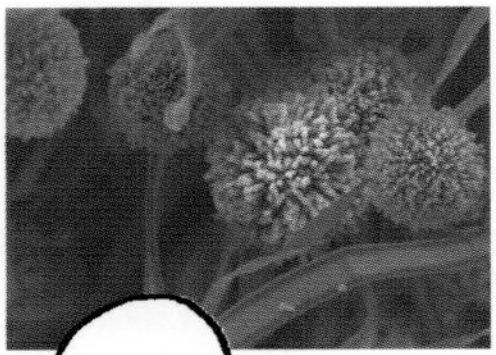

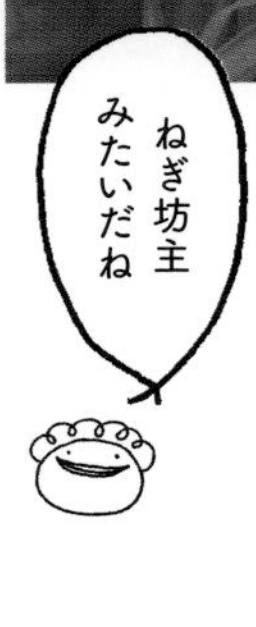

米が、麹菌の繁殖の場として最適な環境だからです。そして、麹菌が栄養を吸収するために生み出す「酵素（＊7）」という物質が、食べものの風味や色に変化をもたらし、おいしくする発酵作用のカギを握っています。麹菌が分泌する酵素は、食べものの細胞に入り込み、さまざまな成分を細かく分解します。これによって食べものがおいしく、やわらかくなり、人間の体内で消化吸収しやすい状態になります。麹菌がじゅうぶんに繁殖してできた質の良い麹は、人間にとって良いことをたくさんしてくれるのです。

発酵作用には、麹菌のほかに、乳酸菌や酵母菌といった微生物も関係しています（＊8）。こうした菌類は、もともと自然界に存在していたもので、人間がつくり出したものではありません。はるか昔、人間はこれらの微生物の不思議な力を発見し、それを利用して、知恵と工夫をこらしながら、独自の食文化を育んできました。私はこの素晴らしい微生物の世界のことをもっと知りたいと思い、農学博士の秋田修先生にお話を伺いました。先生は、２０２０年３月まで実践女子大学で微生物学や食品加工学などを専門に教えていらっしゃいました。

「私は、微生物の研究を進めていくなかで、麹菌っておもしろい

（＊7）酵素とは、生物の細胞内でつくられるタンパク質を主体とする物質。消化・吸収・輸送・代謝・排泄といった、生物が体を成長・維持させるために必要なほとんどの化学反応において触媒機能を持つ。数千種類あるが、それぞれ機能は限定されており、１種類の酵素が２つ以上の機能を持つことはない。麹菌がつくる酵素で発酵作用に関与するものは消化酵素といい、食物中のデンプンやタンパク質などを加水分解して低分子化し、デンプンを糖に、タンパク質をアミノ酸に変換する。

（＊8）微生物の力を借りて食べものを分解し、人間にとって役に立つ物質をつくり出すことを発酵といい、発酵作用によって味噌やしょうゆ、酒などをつくることを醸造という。麹を使った発酵食品の場合、麹の酵素がデンプンを分解してつくった糖を別の微生物が利用することで発酵作用が進む。たとえば日本酒では酵母菌がアルコール発酵を、漬けものでは乳酸菌が乳酸発酵を起こす。酵母や乳酸菌は、植物に付着するなどして自然界で生育している。麹菌も、もとはイネに付着していたとされる。

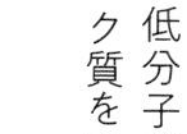

なあと思うようになり、それを専門に仕事をするようになりましたが、我々の祖先は、もともと微生物の知識があったわけではないのに、1000年以上も昔からいろいろな経験を重ねて、麹を上手に利用する方法を考えてきたんですね。麹を深く知れば知るほど、日本人はすごいなあと深く感動しています」

長年、麹と向き合ってこられた先生は、こんなふうにお話しされました。私は自分で味噌を作ったり、料理に麹を使ったりするようになりましたが、恥ずかしながら、どのように味噌ができるのか、なぜ麹を使うと料理がおいしくなるのか、気にもとめていませんでした。いつも何気なく口に運んでいる食べものに、この国の人々が積み重ねてきた歴史が詰まっているのだと思うと、感謝しかありません。同時に、身近なものを知ることが、文化を守り、引き継いでいくために大切なことだと思いました。

料理はおいしいことが大事ですが、同じように丈夫な体をつくり、健康を保つ上でも大事です。私たちは野菜や肉や魚などを食べ、たくさんの生きものの命をいただいています。麹菌も命ある生きものです。そう考えると、100分の1ミリにも満たない胞子から生まれる麹菌が身近に感じられるかもしれません。

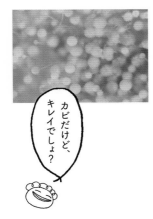

（＊9）黄麹菌の胞子の群（コロニー）を写した実体顕微鏡写真。まるで、やわらかい羊毛か黄色い花畑のように美しい。

ところで、麹菌の主な栄養源は日本人の主食である米です。麹菌にはいろんな種類がありますが、日本の多くの酒や調味料の醸造に使われるのは、「黄麹菌（＊9）」という、加熱した米に生えやすい麹菌です。学名は「アスペルギルス・オリゼー」。「アスペルギルス」は麹菌の学名で、「オリゼー」はイネの学名「オリザ・サティバ」から来ています（＊10）。カビを用いた発酵食品は、東アジアから東南アジアにかけての広い地域で見られますが、この麹菌は、日本以外ではほとんど使われないそうです（＊11）。なぜ、日本だけなのでしょう？　なぜ、蒸した米なのでしょう？　やはり、日本人と麹の間には、何か特別な関わりがありそうです。

（＊10）「オリゼー」は、発酵食品に用いられるカビの中でも、特にデンプン分解能力に優れている。麹の学名「アスペルギルス」の語源は、ラテン語でカトリック教会の司祭が使う灌水器（かんすいき）を意味する「Aspergillium」に由来する。聖水を振りかける際に水の飛び散る様子が、麹菌の胞子の生えている様子に似ているためという。黄麹菌には、ほかに、しょうゆに使われる「ソーエ（A.sojae）」などがある。

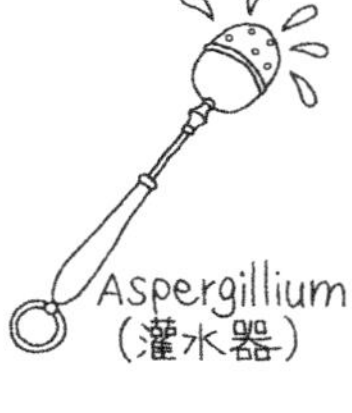

（＊11）中国や東南アジアでは、多くが加熱しない生の穀類や果物などに生えるクモノスカビやケカビを用いて麹をつくる。東アジアや東南アジアとは気候風土の異なるヨーロッパでは、カビはあまり育たないので、カビを使う発酵食品としては、青カビを用いるゴルゴンゾーラや白カビを用いるカマンベールなどのチーズ以外にあまり見られない。

日本人と麹の1000年史

日本人は、いつから麹を使うようになったのでしょうか。麹を使ってつくる食品のなかで、もっとも歴史の古いものは酒です。奈良時代初期の713年頃に編集された『播磨国《はりまのくに》風土記《ふどき》』に、麹を用いた酒造りに関するもっとも古い記録が残されています。

「大神の御粮《みかれひ》沾《ぬ》れて梅《かび》生えき　即ち酒を醸《かも》さしめて　庭酒《にわき》に献《たてまつり》て宴《うたげ》しき（神様に捧げた強飯《こわめし》が濡れてカビが生えたので、それで酒を醸し、新酒を神に献上して酒宴をおこなった）」。

この一文からは、さらに神話時代までさかのぼって麹（カビ）を使った酒造りがおこなわれていたことが推定できるそうです。ただ、古代の農村社会では、米は非常に貴重なものだったはずです。大切な米をわざと放置してカビを生やすなんて、当時の

【コラム】麹と暮らす❷

麹を知る本

■『絵でわかる麹のひみつ』
小泉武夫・おのみさ／講談社
発酵の第一人者・小泉先生との共著で、私は主にイラストを担当。先生の原稿を読みながら描きました。麹について分からないことが出てきても、この本で調べればだいたい答えが見つかります。

■『おうちでかんたん　こうじづくり』
小倉ヒラク&コージーズ／農山漁村文化協会
子どもの絵本と思いきや、前半は麹の概要が楽しく理解でき、後半では家で簡単に麹がつくれる方法が掲載されています。私もこの本を参考にして、何度も麹をつくっています。

人々にとっては、とんでもないことだったのではないでしょうか。だとすれば、日本人と麹菌との出会いは、偶然だったと考えるのが自然かもしれません。もはや真実をたしかめることは不可能ですが……。秋田先生が、こんなすてきなストーリーを教えてくれました。

日本の農村では、古代より、米や餅を「神饌《しんせん》」として、神様にお供えする習慣がありました。日本の水田は、台風などによる大雨や強風、津波といった風水害を受けることが少なくありません。人々は、そうした天災を神様の業と考えていたので、特別にお供えものをして、一年の無事と豊作をお願いしていたのです。神様にお供えするものには、できるだけ手間暇をかけた最高級の品がふさわしいと考えられていて、最初は、収穫した大切な米を、「粢《しとぎ》」といって、生のまま突き砕いて固めて供えていたそうです。そのうち、それが蒸した米や餅に変わっていきました。すると、ある日、そこにカビが生えていたら……。

カビが生えるくらいまで米を放置しておいたとすれば、このお供えもの以外にないのではないでしょうか。

もし本当にそうだとしたら、神様に献上した米に麹菌が生えた

■『天然発酵の世界』
サンダー・E・キャッツ／築地書館
今の日本の麹は、改良を重ねた、いわばエリート麹なのですが、この本では野菜や果物や動物の乳などに自然にいる菌を、自由にあやつっておいしく食べる方法が満載です。

■『発酵はおいしい！―イラストで読む世界の発酵食品―』
ferment books・おのみさ／パイインターナショナル
麹はもちろん、身近な発酵食品から始まり、発酵の歴史、世界の発酵食品、発酵レシピなどをイラストで楽しく紹介している、発酵好きにはたまらない一冊。

のを初めて見たとき、人々はどう思ったでしょう。神様が自分たちの日頃の苦労と努力を認めてくださったしるしだと考えたでしょうか。何年かそれが繰り返され、無事に良い米をたくさん収穫できたので、麹菌が生えるのは良い兆候だとして、一層大切に扱うようになったのかもしれません。そしてあるとき、きっと誰か勇気のある人が、麹菌の生えた蒸し米を食べてみたのです。すると、普通のご飯よりも甘くておいしかった。そんな出来事が酒造りのきっかけになったのだとしたら、昔から酒が「神酒《みき》」として神事と結びついているのもごく自然のことのように思えます。微生物の知識がなかった当時、麹の持つ不思議な力は神業と思われたかもしれません。ならばそれを大切に扱い、良い酒を造るにはどのような麹が必要なのか、良い麹をつくるためにはどうしたらいいのか、よく知ろうとしたのではないでしょうか。人々は試行錯誤を重ねながら、酒造りのノウハウを蓄積していったのです。

日本の酒造技術は奈良時代には成立していたといい（＊12）、万葉集には、酒蔵で働いていた労働者の歌とされる作品が収められています。酢の起源も酒と同時期にあるとされ、これも万葉集に記載がありますし、味噌も、しょうゆの原型となった「醤《ひしお》」も、奈

（＊12）奈良時代、平安時代に記録として残されているのは、宮中や寺、神社といった特別な場所でおこなわれていた酒造りの様子であり、当時はまだ庶民が日常的に酒を飲む習慣はなかったと考えられている。

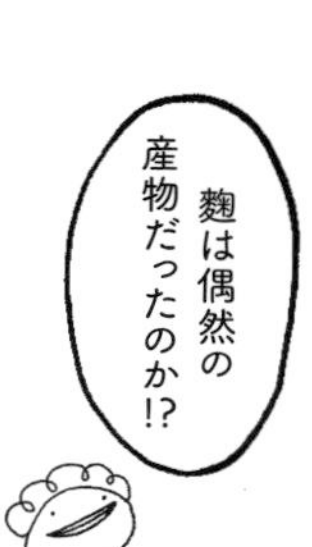

良時代以前にすでに中国から日本に伝わっていました。

室町時代になると酒造業が発達し、麹菌の胞子を「もやし」と呼んで、専門の業者だけが扱うようになりました。これが「種麹屋」（＊13）という日本独特の商売の始まりで、それまで自然に生えてきた麹菌を使って麹をつくっていたところを、酒を造るという目的に合った麹菌を人が育てるという時代が始まります。もちろん、このころには微生物の知識などまだ誰も持っていません。優秀な菌を選別して培養する技術は、職人たちの知恵と経験の蓄積によって発展していきました。なにしろ、世界的に見ても、微生物の研究が進んだのは近代になってからですし、麹菌や酵素について科学的に解明され始めたのは、ほんの１２０年くらい前のことです（＊14）。麹には１００種近くの酵素が含まれるそうですが、現在でもすべてが解明されたわけではなく、麹の中では、人間がまだ知らない酵素の分解作用が起こっているかもしれないのです。

「私は日本酒の研究をしていたので、酒造りの現場にもよく行ったのですが、蔵は近代的になっても、杜氏《とうじ》さんたち（酒造りの職人。またはその責任者）は基本的には、昔とほぼ同じような方法で麹をつくっているんです。今、遺伝子レベルで研究をして、麹

（＊13）優良な麹菌を純粋培養し、その胞子を麹屋や醸造業者に販売する日本固有の専門業者。種麹は、もともと酒造用に開発されたと考えられているが、後に味噌やしょうゆなどにも使用されるようになった。種麹屋は、たとえば酒造用には米のデンプンを分解する酵素の多い麹菌を、味噌やしょうゆの醸造用には大豆のタンパク質を分解する酵素の多い麹菌を提供するが、さらに原料や気候の違いなどの条件に合わせて細かい調整をおこない、それぞれに適した種麹をつくっている。

（＊14）カビ、キノコ、細菌などを含む微生物の存在とはたらきが科学的に明らかになったのは、19世紀後半から20世紀にかけて。フランスのルイ・パスツールとドイツのロベルト・コッホが近代細菌学の開祖とされる。麹菌の研究では、１８９４年に高峰譲吉が、麹菌がつくる酵素混合物を「タカジアスターゼ」と名付けて消化薬として商品化。その後の世界で興った酵素工業の先駆けとなった。現在では、洗剤や食品添加物など、幅広い分野で麹菌や麹菌の酵素が利用されている。

菌がどうやって生きていて、どうやって増えていくのか、やっと分かってきたところなのに、昔の人は、いろいろなことを観察しながら経験を積んで、一番良い方法を見つけていったのです。農耕民族の文化は育てる文化というようなこともいわれますが、日本人は確かにそういうことに向いているのかもしれませんね」

日本酒の醸造では、まず第一に重要なのが麹の出来だといいます。麹には、アルコール発酵に必要な糖をつくる役割と、製品の風味をかたちづくるアミノ酸をつくる役割があります。特に、蒸し米のデンプンを分解して糖をつくる酵素が必要です。酵素をじゅうぶんに含む質の良い麹をつくるには、蒸した米が最適とされていますが、なぜ、普通に炊いた米やおかゆではいけないのでしょうか。

下の写真は、麹ができる過程の米粒の顕微鏡写真です（＊15）。まるで米の中にトンネルが掘られているようです。麹菌が菌糸を伸ばし、デンプンを酵素で溶かして吸い上げ、またその先へ菌糸を伸ばし……そうして、米の表面にも内部にも、びっしりと菌糸が張りめぐらされていくのです。実は、麹菌は、自分の周りの環境に合わせて酵素の遺伝子を使い分けているそうです。水分が豊富

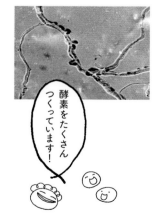

（＊15）麹菌が蒸した米の内部へ、酵素を分泌しながら菌糸を伸ばしていく様子。

にあるところでは、栄養分が拡散していて吸収しやすいので、酵素をたくさんつくる必要がありません。一方、水分が少ないところでは、栄養分を求めて米の奥深くへ進んでいかなくてはならないので、酵素をたくさんつくってトンネルを掘るのです。蒸した米は、炊いた米やおかゆに比べて水分が少ないので、麹菌はがんばって酵素をどんどんつくらなければ繁殖できません。つまり、蒸した米を使うと、麹菌が最大限に力を発揮するので、良い麹ができるのです（＊16）。それにしても、居心地の良い環境ではのんびりして、過酷な環境におかれると必死になってがんばるなんて、なんだか人間みたいで、おもしろいですよね。

麹菌の力強さや、顕微鏡で覗かなければ分からないミクロの世界を五感を駆使して観察し、微生物を上手に利用して、これほどまでに繊細で多種多様な発酵食品の世界を創り上げた昔の日本人は、本当にすごいと思います。やはり、遠い昔の、日本人と麹菌の運命の出会いは、神様からの贈りものだったのではないでしょうか。

（＊16）デンプンは特に米の中心部に多いので、酒造用の麹づくりでは、麹菌が米の奥深くへ菌糸を伸ばすよう、温度を上げて水分の少ない環境をつくって麹菌を繁殖させる。一方、米の外側はタンパク質やミネラルが豊富に含まれるので、味噌や甘酒用の麹づくりでは、米の外側にも麹菌がよく繁殖するように調整をする。麹菌がデンプン分解酵素をよく分泌する温度は約40℃、タンパク質分解酵素をよく分泌する温度は約37℃といわれている。麹菌は約50℃で死滅してしまうが、酵素の反応は約60℃まで進み続ける。

麴と食べもののおいしい関係

味噌を食べたことのない人に味噌の風味の説明をするとしたら、どんな言葉を使いますか？　味噌はしょっぱいですが、食塩の塩辛さとは違って丸みがあるし、甘みも感じます。味噌は大豆でつくりますが、大豆そのものの味とは違ってうまみが多く、味わい深く感じます。香りも、大豆のそれとは違う発酵食品独特のほっこりとした良い香りがしますよね。なかなか複雑なので表現が難しいのですが、この複雑さこそが麴の力なのです。

味噌の風味は、主に、麴に含まれる酵素が大豆のデンプンやタンパク質などを分解し、デンプンを糖（＊17）に、タンパク質をアミノ酸（＊18）に変えることによって生まれます。デンプンやタンパク質自体は無味なのですが、これらが糖やアミノ酸に変化する

（＊17）デンプンは、ブドウ糖が鎖のようにつながった形をしているが、グルコアミラーゼなどのデンプン分解酵素がはたらくと、これが分断され、ブドウ糖や麦芽糖、オリゴ糖などの糖類が放出され、甘みが出てくる。これらの糖は栄養学では「糖質」または「炭水化物」と呼ばれ、主に体のエネルギー源になる。

（＊18）タンパク質は生物の体を構成するもので、約20種のアミノ酸の結合によってできている。タンパク質分解酵素は、総称をプロテアーゼといい、アミノ酸の結合を切断し、アミノ酸を放出する。うまみ成分として知られるグルタミン酸など、健康維持や成長に不可欠であるにもかかわらず、人間の体内で形成できないアミノ酸は、「必須アミノ酸」と呼ばれ、食物から摂取する必要がある。

ことにより、人がおいしいと感じる味になるのです。さらに、酵母菌や乳酸菌が、麹の酵素がつくった糖を使って発酵作用を起こし、発酵食品独特の味わいを生みます。麹そのものは酵素の作用により、原料の米よりも甘みが増し、ゆでた栗のような甘くまろやかな香りがします。そのため、米麹をたくさん入れれば、より甘い味噌ができることになります。

本書では味噌に限らず、麹と塩でつくった塩麹、麹と米でつくった甘酒（※19）、酒造りの際の副産物である酒粕（※20）を使った料理を紹介しています。これらの料理は麹の風味が加わるばかりではなく、麹菌の酵素が食材の内部に入り込んでいくことで食材が変化し、その持ち味が引き出されることによっておいしくなります。麹の不思議な力は目には見えませんが、味わってみると、味や香りや食感の違いを感じることができるでしょう。

（＊19）日本で砂糖の製造が広まるまでは、麹や甘酒は庶民の貴重な甘味源だった。特に甘酒は、麹の消化酵素のはたらきによって生まれたブドウ糖と必須アミノ酸、またビタミン類も豊富に含むので、江戸時代には夏のスタミナ栄養ドリンクとして飲まれていたほど。

（＊20）日本酒は、原料である米、麹、水、酵母菌を混ぜて仕込んだ「もろみ」を発酵させて造るが、これを搾った後の搾りかすが「酒粕」である。アミノ酸やビタミン類などを豊富に含む栄養価の高い発酵食品のひとつだが、アルコールを含むので、料理の際は注意が必要。

麹のレシピで体に「いいこと」

食べものの「発酵」と「腐敗」は同じです。どちらも微生物のはたらきによりますが、結果として、人間にとっておいしく体に良いものになる場合と、風味が損なわれて体に悪影響を与えるものになる場合とがあるのです（＊21）。そこで、腐敗の要因となる菌の繁殖を防ぎ、保存性を高めるために使うのが塩です。麹自体は傷みやすいものなので、麹に食材を漬け込むときは、必ず塩の力を借りなければなりません（＊22）。

酵素がタンパク質やデンプンを分解するということは、人間にとっては、麹があらかじめ食べものをより消化吸収しやすい状態に変えてくれているということになります（＊23）。さらに、酵素によって生成された糖やアミノ酸は、人間の体のエネルギー源に

（＊21）発酵も腐敗も微生物による有機物の変換によって起こる。人間にとって有益であれば「発酵」、人間にとって有害であれば「腐敗」。ただし、この判断は、文化や嗜好などによっても左右されるため、明確な基準はない。たとえば、納豆やくさやを好きな人もいれば、「腐っている」と思う人もいるかもしれないが、後者の判断が誤りというわけではない。

（＊22）塩分濃度がある程度高くても生存・繁殖できる微生物は非常に少なく、塩の利用は食べものの保存・貯蔵に大変有効である。塩麹をつくる際も、一定割合の塩分濃度を保つことが必要。また、塩によって食材の細胞が壊れ、内部の水分が排出されると、麹の酵素は食材の細胞内に入り込みやすくなり、速やかに分解できるようになる。なお、食べものの保存・貯蔵には酒類を使用することも多い。たとえば粕漬けでは、食塩と酒粕のアルコールによって雑菌の侵入・繁殖を防ぎ、食材の保存性を高めている。基本的には同じしくみである。

なります。麹料理が日常食になれば、こうした栄養素を効率的に摂取でき、健康維持や体力増進につながり、体の機能を正常に保てるので、いつまでも若々しく元気に過ごせるかもしれません。

もうひとつ、麹を料理に使うと、食材のうまみが増すため、調味料をたくさん加えなくても味わい豊かになるので、塩分や糖分を摂りすぎる心配がなくなります。ただ、麹に含まれる酵素は熱を加えると変性し、分解作用も止まってしまうので（＊24）、麹を料理に使う際は、酵素がじゅうぶんはたらく環境を保ち、時間をかけて待つことも大切です。そうすれば、食べものは麹の力を借りておいしく、体に良いものに変化します。その自然な変化のプロセスをペットを育てるような気持ちで楽しみましょう。

（＊23）消化酵素は人間の唾液や胃液などにもあり、たとえばご飯を噛んでいると甘みが出てくるのはデンプン分解酵素のはたらきによるもの。人間の体内で起こる消化作用も、麹菌が酵素を使っておこなう消化作用も、基本的には同じしくみである。

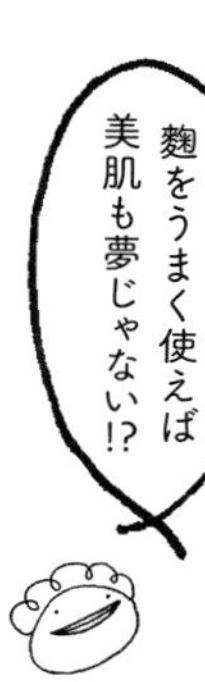

（＊24）麹に含まれる酵素は熱に弱いので、料理の際は注意が必要。60℃以上で加熱すると変性して活性を失ってしまう。また、冷凍庫では反応は止まってしまうが、冷蔵庫ならゆっくりとではあるが反応は進む。

コラム 麹ができるまで

麹はさまざまな発酵食品に使われますが、味噌用、しょうゆ用、日本酒用など、用途によってつくり方や原料が異なります。ここでご紹介する米麹のつくり方は、いろいろなつくり方のほんの一例です。

取材協力／糀屋本店、白糸酒造、カノオ醤油味噌醸造元

洗米・浸漬

麹の原料である米を水で洗い、浸水させます。

蒸し米

米の水気をきったら、蒸気で蒸します。「炊く」のではなく「蒸す」のが、麹づくりの特徴です。

種つけ・床もみ

熱々の蒸し米を冷まし（30℃台が一般的）、種麹を振りかけ（種つけ）、床船に移してよく混ぜます（床もみ）。

日本酒に使われる黄麹菌の種麹。

まるでバスタブのような木製の箱が床船。

切り返し

床もみしてからひと晩たつと、米同士がくっついたり、米の温度が上昇したりするので、よく混ぜてほぐします。

盛り・仲仕事 仕舞仕事

麹を、室蓋（むろぶた）、または麹蓋と呼ばれる木の箱に移し、麹菌の菌糸が蒸し米の中に順調に伸びていくように、温度や湿度を調整していきます。

出麹

でき上がった麹を麹室から出し、1日置いて乾かします（「枯らし」という）。ふわふわとした菌糸で覆われた麹は、とても美しく、どこか神秘的。

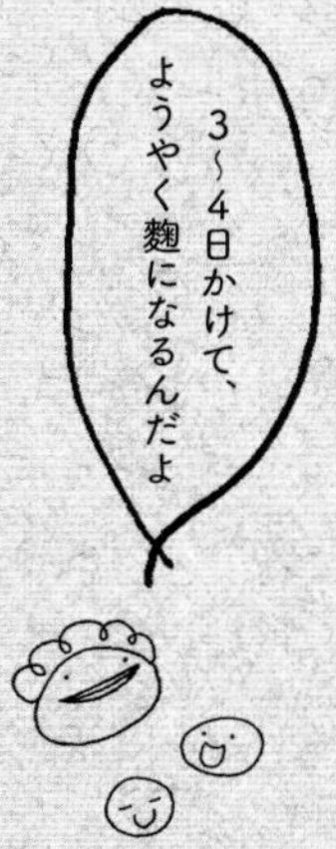

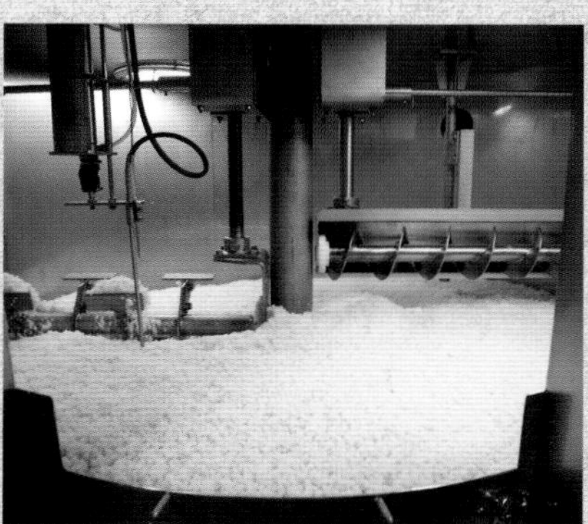

麹づくりは麹室（こうじむろ）という専用の部屋でおこなわれるが、写真のように自動製麹機でつくられる場合も。自動といっても、人の手や目によるサポートが欠かせない。

麹室から出した麹はじゅうぶん冷ましてから使う。

室蓋（または麹蓋）とは、木製のバットのような容器。

発酵マンガ
10年ひと昔
2010年
同居→
しおこうじ？
何それ？
麹って
いうね…
こうじ？
誰それ？
俳優？
めんどくさかった
2020年
同居→
スーパーの
棚にも
ええ
時代や…
料理本にも
あたりまえに塩麹
塩麹
塩こうじ
麹

『麹のレシピ』を出版した2010年は、塩麹どころか麹そのものを知る人がほとんどいなかったので、いちいち説明するのが本当に大変でした。それが10年後の2020年には、スーパーの棚にも料理本の材料表にも当たり前のように塩麹があり、この10年でこんなにも世の中に認知されたのかと、まるで子どもの成長を喜ぶ親のような気持ちです。

第二章　塩麹のレシピ

塩麹って何？

塩麹とは、麹、塩、水を混ぜてゆっくり発酵させた調味料。もともと東北地方を中心に古くから使われていましたが、ここ10年ほどですっかりおなじみの調味料となりました。食塩よりも塩味がまろやかで、とろりとなめらかな舌触り。なによりうまみをたっぷりと含んでいるのが特徴です。

ふだんのおかず作りで塩の代わりに使えば、よりおいしさが増しますし、麹のはたらきで食材そのもののうまみも引き出されます。麹菌の作用で冷めてもおいしいので、お弁当のおかずにも向いています。

また、さまざまな食材を塩麹に漬ければ、塩によって食材の水分が排出されて保存性が高まるだけでなく、麹菌の酵素のはたらきで食材がやわらかくなり、体内で消化されやすい状態になります。麹の風味も加わって、より深みのある味わいになるのです。

塩麹の作り方

材料も道具もとてもシンプルな塩麹作り。誰でもすぐにチャレンジできます。
乾燥麹でも生麹でも作り方は変わりませんが、
ここでは手に入りやすい乾燥麹を使った作り方をご紹介します。

［**材料**（作りやすい分量）］

麹 … 200g
塩 … 60g
水 … 250ml

＊塩は精製塩でも自然塩でもかまいません。自然塩のほうがうまみを含んでいるためおすすめです。

麹 豆知識

●板状とバラの麹の違い

完成した麹は板状になっています。これを四角くカットしたものが板状の麹です。これに対し、バラの麹のように、使いやすいようにあらかじめ粒状にした商品もあります。どちらも麹菌の力に変わりはありません。

●乾燥麹と生麹の保存方法

乾燥麹はメーカーによりますが、1年ほど持ちます。直射日光を避けて冷暗所で保存しましょう。夏場など暑い時期は暑さで麹菌の力が弱ってしまい、風味も落ちるため、冷蔵室、または冷凍室で保存します。生麹の賞味期限は1～2週間程度。常温においておくと、麹菌が成長して胞子がつき、風味が落ちてしまうため、冷蔵庫で保存します（納豆菌との相性が悪いため、納豆のそばに置かないこと）。冷凍すれば2～3か月の長期保存が可能です。自然解凍してから使いましょう。どちらの麹も、冷凍によって酵素のはたらきが悪くなることはありません。

●乾燥麹と生麹の違い

乾燥麹は水分が含まれていないため日持ちがしますが、使用目的によっては湯で戻す必要があります。これに対して生麹は、日持ちはあまりしませんがそのまま使えます。どちらを使っても麹の酵素のはたらきに違いはありません。

乾燥麹

生麹

作り方

1

麹をほぐす

大きめのボウルに麹を入れ、手で握って粒状になるまでよくほぐす。板状の麹の場合、まず適当な大きさに手で砕いてからボウルに入れ、手で握って細かくし、もみほぐすようにして粒状にする。

2

塩を加える

ボウルに塩を加え、ほぐした麹となじむように手でムラなくよく混ぜる。

3

水を加える

ボウルに水を注いでゴムべら、またはスプーンでよく混ぜ、塩を溶かす。

4

ねかせる

全体がよく混ざったら、清潔な保存容器に移して蓋をし、室温でねかせる。蓋は完全に閉めずに、少しゆるめておく。
＊保存容器は塩麹を混ぜるときにこぼれない、やや深めのものを。材料表の分量で作る場合、800mlほどの容量があれば問題ありません。洗いやすく、さびないプラスチックやホウロウ、ガラスがおすすめ。

◎寝かせる期間◎
夏 … 1週間程度　冬 … 10日～2週間

寝かせる期間は地方や住環境によっても異なります。寒い地方では長めになり、マンションのように気密性の高い住居では冬でも目安より早く発酵することがあります。寒すぎると発酵が進みにくいので、温かい部屋に移しましょう。室温が高くても冷蔵庫には入れないこと。麹菌の力が弱って発酵が進みません。

5

塩麹を混ぜる

寝かせている間は1日1回混ぜる。麹菌は空気を好むので、混ぜてあげると発酵が進みやすい。

6

完成

甘い濃厚な香りがして、少量を口に含むと、麹の粒にかたさや芯が残っておらず、塩角が取れてまろやかになっていれば完成。見た目はおかゆのような状態に。

裏ワザ

1日で塩麹を完成させる

塩麹を仕込んだ翌日に使いたい場合は、炊飯器を使った裏ワザを。材料の水を60℃の湯にかえ、作り方3までを炊飯器の内釜でおこないます。炊飯器に内釜を入れて保温にセットし、蓋を閉めずに布巾をかぶせ、15時間ほど置きます。夕方6時にセットすれば、翌日午前9時ごろには完成します。

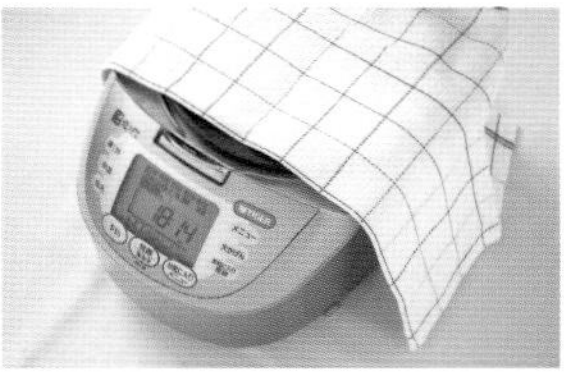

塩麹の変化

塩麹は発酵が進むと、形状が変化します。仕込んで約1週間後は米の粒がしっかり残っている状態。3週間ほどたつと徐々に粒が溶けてきて、3か月後には水分が増えてとろりとした状態に。3か月で熟成がほぼ完了するため、それ以降は形状、風味ともにほとんど変化しません。

1週間後

3週間後

3か月

塩麹の保存

保存場所

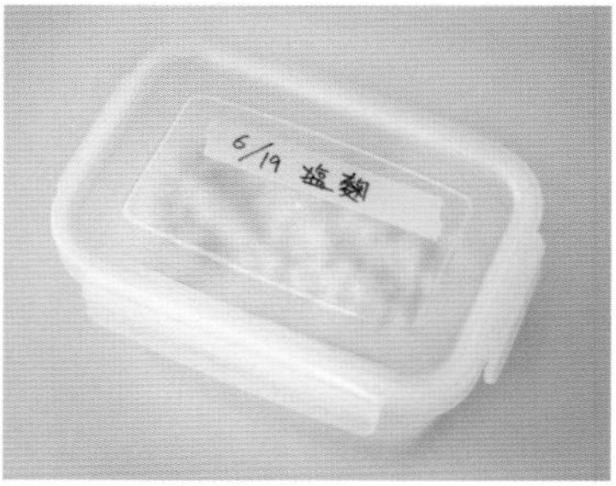

完成した塩麹は保存容器に入れた状態で、冷蔵室で保存しましょう。長期保存する場合は冷凍も可能です。保存容器の蓋に完成した日付を記入しておくと便利。

保存のコツ

塩麹が完成したあとも、発酵は進みます。麹と水が分離するので、全体がなじむようによく混ぜましょう。さらにとろりとした状態になります。

保存期間

塩麹は冷蔵室で半年ほど保存できます。発酵がさらに進み、風味や色が少しずつ変化します。

塩麹のおいしい使い方

調味料として使う

塩、しょうゆ、味噌と同じように、あらゆる調理に使えます。うまみも含んでいるので、味が簡単に決まります。

食材を漬ける

塩麹に野菜、肉、魚介などの食材を漬けると、酵素のおかげでうまみが増し、食感もやわらかくなります。また、卵や豆腐は熟成されてチーズのような味わいに。

テーブル調味料として

お刺し身や生野菜の味つけ、味の薄い料理に少量足すなど、食卓に置いておけば塩麹が手軽に味わえます。

塩麹 Q&A

Q1 塩麹を仕込んでから4日目。状態がまったく変わりません。

A 仕込んでから4～5日目までは塩麹がパサパサのままで何の変化もなく、心配する人が多いようです。でも、一定期間ねかせれば、おかゆのような状態に必ず変化します。

Q2 塩麹がパサパサしているので水を足してもよいですか。また、仕込み時に塩を減らしてもよいですか。

A 水を足してもかまいませんが、その分塩分の割合が減ります。塩分が減ると雑菌が繁殖しやすくなるので、塩も増やしましょう。また、減塩のために塩を減らすのはあまりおすすめしません。理由は前述のとおりです。調理に使うときに分量を加減しましょう。

Q3 塩麹の色が茶色くなってきました。

A 塩麹の保存環境によって変色することも。味噌の色が濃くなるのと同様に、アミノ酸の作用で「メイラード反応（褐変反応）」という変化が起こるためです。味には影響はありません。

ごぼうの酢漬け

［材料2人分］

ごぼう … ½本

Ⓐ
- 酒 … 小さじ1
- 酢 … 大さじ1½

塩麹 … 小さじ1½

［作り方］

❶ Ⓐは耐熱容器に入れて電子レンジで20～30秒加熱する。粗熱が取れたら塩麹を加えて混ぜる。

❷ ごぼうは皮をこそげて4～5cm長さの拍子木切りにし、水にさらしてあくを抜く。

❸ ごぼうをたっぷりの熱湯で2分ほどゆで、水気をきって熱いうちに①であえ、15～30分おいて味をなじませる。

おのメモ

ごぼうが余ったときによく作ります。塩麹に酢を加えているので保存性も高く、多めに作っておくと、お弁当のおかずや箸休めに便利です。

プチトマトの中華風漬けもの

［材料2人分］

プチトマト … 1パック

Ⓐ
- 塩麹 … 大さじ1
- ごま油 … 小さじ1
- 酢 … 小さじ1

［作り方］

❶ プチトマトはへたを取って半分に切る。

❷ Ⓐを混ぜてプチトマトをあえ、冷蔵庫で冷やす。

アスパラガスの辛子あえ

［材料２人分］

グリーンアスパラガス … 4～5本

Ⓐ
- 塩麹 … 小さじ2
- 練り辛子 … 小さじ½

［作り方］

❶ グリーンアスパラガスは根元のかたい部分を切り落とし、気になるようなら皮をむき、はかまも取り除く。

❷ アスパラガスは塩少々（分量外）を入れた熱湯で色よくゆで、ざるに上げて冷まし、食べやすい長さに切る。

❸ Ⓐをよく混ぜ、②をあえる。

小松菜のごま酢あえ

［材料２人分］

小松菜 … ⅔束

Ⓐ
- 練り白ごま … 大さじ1
- 炒り白ごま … 大さじ1
- 酢 … 小さじ2
- 塩麹 … 小さじ1
- みりん … 小さじ1

［作り方］

❶ 小松菜は根元に十字の切り目を入れ、塩少々（分量外）を入れた熱湯で色よくゆでる。水にさらして水気を絞り、4～5cm長さに切る。

❷ Ⓐをよく混ぜて①をあえる。

えのきたけのたらこあえ

［材料２人分］

たらこ … ½腹（30g）

えのきたけ … 1袋（100g）

塩麹 … 小さじ1弱

［作り方］

❶ たらこは薄皮に切り目を入れてスプーンなどで中身をこそげ出し、ほぐして塩麹を混ぜる。

❷ えのきたけは石づきを切り落として食べやすい長さに切り、耐熱容器に入れてふんわりとラップをかけ、電子レンジで1分ほど加熱する。

❸ えのきたけが熱いうちに①であえる。

枝豆の塩麹あえ

［材料２人分］

冷凍枝豆（さやつき）… 150g
塩麹 … 小さじ2
大根おろし … 適量
削り節 … 適量

［作り方］

❶ 冷凍枝豆は表示通りに戻してさやから豆を取り出し、塩麹をまぶす。

❷ 大根おろしは軽く水気をきり、器に盛る。①をのせて削り節をかける。

❸ 全体をあえて食べる。

おのメモ

冷凍の塩ゆで枝豆で作りましたが、夏のシーズンにはぜひ新鮮な枝豆でどうぞ。青大豆（ひたし豆）をひと晩水に浸して戻し、3分くらいゆでて作るのもおすすめ。豆の味が濃くておいしいですよ。

春菊とかまぼこのサラダ

［材料２人分］

春菊 … 1束
かまぼこ … 1本
プレーンヨーグルト … 200ml
Ⓐ 塩麹 … 大さじ1
　ごま油 … 小さじ1

［作り方］

❶ ボウルにざる、または万能こし器を重ね、ペーパータオルを敷いてヨーグルトを入れる。冷蔵庫に入れ、そのままひと晩おいて水切りをする。

❷ 春菊は葉を摘み、茎は太ければ食べやすく切る。かまぼこは厚みを半分に切って薄切りにする。

❸ ①とⒶをよく混ぜ、春菊とかまぼこをあえる。

クレソンのくるみ白あえ

［材料２人分］

クレソン … １束
絹ごし豆腐 … ½丁（300g）
くるみ … 40g
Ⓐ 塩麹 … 大さじ１
　 オリーブ油 … 小さじ１

［作り方］

❶ クレソンは塩少々（分量外）を入れた熱湯でさっとゆで、水気を絞って３〜4cm長さに切る。

❷ 豆腐はペーパータオルで包んで耐熱皿にのせ、電子レンジで１分30秒加熱してそのまま冷まし、水気をきる。

❸ くるみはアルミホイルにのせ、オーブントースターで２〜３分焼き、粗く刻む。

❹ ボウルに豆腐を入れてほぐし、Ⓐを加えてよく混ぜ、クレソンとくるみをあえる。

水切りした豆腐をほぐすには、泡立て器が便利。

豆腐を大まかにほぐしたら、塩麹とオリーブ油を加えてよく混ぜる。

キャベツとソーセージのハニーマスタード

［材料２人分］

キャベツ … ¼個
粗びきソーセージ … 5〜6本

Ⓐ
塩麹 … 大さじ1
はちみつ … 大さじ1
粒マスタード … 大さじ1

［作り方］

❶ キャベツはざく切り、ソーセージは長さを2〜3等分に切る。Ⓐは混ぜ合わせる。

❷ 耐熱容器にキャベツを入れ、ラップをかけて電子レンジで1〜2分加熱する。いったん取り出して全体をよく混ぜ、ソーセージを上にのせて再びラップをかけ、さらに1分加熱する。

❸ ②をⒶであえる。

おのメモ

キャベツはレンジで蒸すと、かさが減ってたくさん食べられます。

キャベツとコンビーフの蒸し煮

［材料２人分］

キャベツ … ½個
コンビーフ缶 … １缶（100g）
塩麹 … 大さじ3

［作り方］

❶ キャベツは食べやすい大きさにざく切りにする。

❷ 厚手の鍋にキャベツの半量を入れ、その上にコンビーフをのせて塩麹を加え、残りのキャベツをのせる。蓋をして弱めの中火で3〜5分蒸し煮にする。

❸ 弱火にして20分ほど蒸し煮にする。キャベツがしんなりしてきたら蓋を取り、全体を混ぜてコンビーフをほぐし、煮汁がほとんどなくなるまで煮る。

蒸しさつまいものクリームチーズあえ

［材料２人分］

さつまいも … 小１本（250g）
クリームチーズ … 50g
Ⓐ 塩麹 … 大さじ１½
Ⓐ オリーブ油 … 大さじ１½
粗びき黒こしょう … 少々

［作り方］

❶ さつまいもはよく洗って皮つきのまま1.5cm角に切る。耐熱容器に入れてラップをかけ、電子レンジで２分加熱し、全体を混ぜてさらに３分加熱する。

❷ Ⓐをよく混ぜ、クリームチーズを細かくちぎって加え、さらに混ぜて①をあえる。

❸ 器に盛り、黒こしょうをふる。

れんこんのカッテージチーズあえ

［材料2人分］

れんこん … 150g
塩麹 … 大さじ1
カッテージチーズ … 50g

［作り方］

❶ れんこんは皮をむいて縦に2〜4等分し、3mm厚さに切って水にさらし、水気をきる。

❷ ①を熱湯で5分ほどゆで、水気をきって粗熱を取る。

❸ カッテージチーズと塩麹を混ぜ、れんこんをあえる。

おのメモ

意外な組み合わせですが、クセになりますよ。麹の酵素がれんこんのデンプンを分解して水っぽくなるので、作ったらその日のうちに食べてください。

三つ葉と鶏肉のバルサミコあえ

［材料2人分］

鶏むね肉 … 1枚（約300g）
片栗粉 … 小さじ2
三つ葉 … 1束
Ⓐ 塩麹 … 大さじ1
　 バルサミコ酢 … 小さじ1

［作り方］

❶ 鶏肉はペーパータオルで表面の水気を拭き、ひと口大のそぎ切りにして片栗粉をまぶす。

❷ 三つ葉は3〜4cm長さのざく切りにする。

❸ 鍋にたっぷりの湯を沸かして鶏肉を1〜2分ゆで、ざるに上げて水気をきる。

❹ Ⓐを混ぜて鶏肉をあえ、粗熱が取れたら三つ葉をざっくりとあえる。

きゅうりとさつま揚げのさっと煮

［材料２人分］

さつま揚げ … 小4枚
きゅうり … 1本

Ⓐ
- 塩麹 … 大さじ1
- みりん … 大さじ1
- 酒 … 大さじ1
- 水 … 50ml

好みで一味唐辛子 … 適量

［作り方］

❶ さつま揚げはざるに入れ、熱湯を回しかけて油抜きをし、3～5mm幅の短冊に切る。きゅうりはピーラーで縞状に皮をむき、縦半分に切って斜め薄切りにする。

❷ 鍋にⒶを入れて中火にかけ、煮立ったらさつま揚げを加えて炒りつける。

❸ 水分がなくなってきたらきゅうりを加え、しんなりするまで煮る。

❹ 器に盛り、好みで一味唐辛子をふる。

里いもと牛肉の煮もの

［材料２人分］

里いも … ５～６個（400g）
牛切り落とし肉 … 100g
塩麹 … 大さじ１½
昆布 … 5cm
水 … 150ml
油 … 少々
みりん … 大さじ１

おのメモ

塩麹とみりんと昆布だしで、おいしい煮ものができました。牛肉の代わりに豚肉でもOK。

［作り方］

❶ 昆布は食べやすい大きさに切って分量の水に浸す。

❷ 牛肉はひと口大に切り、塩麹をまぶす。

❸ 里いもは皮をむいて２～３等分に切り、鍋に入れてたっぷりの水を注ぎ、強火にかける。ひと煮立ちしたら湯を捨てて里いもをざっと洗う。

❹ 鍋を中火で熱して油を引き、牛肉を炒める。色が変わったら里いもを加えて炒め合わせ、①の昆布と戻し汁、みりんを加え、ひと煮立ちしたらあくを取る。蓋をして弱火にし、ときどき混ぜながら15分ほど煮る。

❺ 蓋を取って水分を飛ばしながら５～７分煮る。

ごぼうのスパイス炒め

［材料２人分］

ごぼう … ½本
クミンシード … 小さじ½
オリーブ油 … 少々
塩麴 … 小さじ1
水 … 小さじ1
パセリのみじん切り … 少々
こしょう … 少々

［作り方］

❶ ごぼうは皮をこそげて縦半分に切り、斜め薄切りにする。

❷ フライパンを弱火で熱してオリーブ油を引き、クミンシードを入れてパチパチと音がするまで炒める。香りが立ったらごぼうを加え、中火にして炒める。

❸ ごぼうがしんなりしてきたら、塩麴、水を加えてさらに炒める。

❹ 全体がなじんだらパセリを散らし、こしょうをふってさっとあえる。

おのメモ

ごぼうの代わりににんじんや大根でもおいしい。
クミンの香りが後を引きますよ。

じゃがいもと鶏肉の塩麴煮込み

［材料２人分］

鶏もも肉 … 100g
じゃがいも … 3個
にんじん … ½本
玉ねぎ … ¼個
にんにく … 1片
塩麴 … 小さじ2
昆布 … 5cm
水 … 150ml
ごま油 … 少々
しょうゆ … 小さじ2
こしょう … 少々

［作り方］

❶ 鶏肉はひと口大に切り、塩麴をまぶす。昆布は水に浸す。じゃがいもは皮をむいて２〜４等分に切る。にんじんは皮をむいてひと口大に切る。玉ねぎもひと口大に切る。にんにくは包丁の腹でつぶす。

❷ 鍋にごま油を引いて弱火で温め、にんにくを加える。香りが立ったら中火にし、鶏肉を加えて炒める。

❸ 鶏肉に焼き色がついたらじゃがいも、にんじん、玉ねぎを加えて炒める。

❹ 野菜に油が回ったら昆布を戻し汁とともに加える。煮立ったらあくを取り除き、落とし蓋をして弱火にし、ときどき鍋底から混ぜながら20〜30分煮る。

❺ 野菜がやわらかくなったら落とし蓋を取り、しょうゆを加えて全体になじませる。器に盛り、こしょうをふる。

じゃがいもと明太子のバター炒め

［材料２人分］

じゃがいも … ２個
明太子 … ½腹（30g）
塩麹 … 小さじ１
バター … 10g

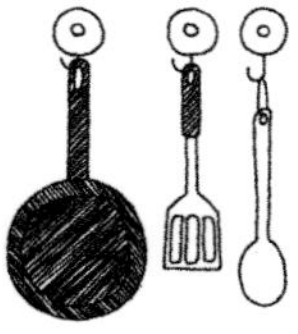

［作り方］

❶ じゃがいもはたわしでよく洗って芽を取り除き、皮つきのままくし形に切る。耐熱容器に入れてラップをかけ、電子レンジで２分加熱し、全体を混ぜて再びラップをかけ、１分加熱する。

❷ 明太子は薄皮に切り目を入れてスプーンなどで中身をこそげ出し、ほぐして塩麹を混ぜる。

❸ フライパンを中火で熱してバターを溶かし、じゃがいもを炒める。全体に焼き色がついたら火を止め、熱いうちに②であえる。

おのメモ 明太子にバターと塩麹が絡んで、まろやかな味わいに。冷めてもおいしいので、お弁当のおかずにも。

ピーマンとじゃこの炒めもの

［材料２人分］

ピーマン … 5個
ちりめんじゃこ … 10g
ごま油 … 少々
Ⓐ 塩麹 … 小さじ2
　 酒 … 小さじ1
削り節 … 少々

［作り方］

❶ ピーマンは種とへたを取って縦半分に切り、細切りにする。

❷ ちりめんじゃこはフライパンでから炒りする。

❸ フライパンを中火で熱してごま油を引き、ピーマンを炒める。油が回ったらⒶを加えて水分がなくなるまで炒め、ちりめんじゃこを加えてざっと混ぜる。

❹ 器に盛り、削り節をのせる。

焼きなす　塩麹だれ

［材料２人分］

なす … 2～3本

Ⓐ
塩麹 … 大さじ1
ごま油 … 小さじ1
しょうがのすりおろし … 1片分

［作り方］

❶ なすはへたのまわりに切り込みを入れ、皮は縦に4～5か所切り込みを入れる。オーブントースターで、ときどき転がしながら15～20分焼き、皮に焦げ目をつける。

❷ Ⓐは混ぜ合わせる。

❸ なすが中までやわらかくなったら、熱いうちに竹串などで皮をむく。

❹ なすを食べやすい大きさに切り、②をかける。

焼きしいたけ　ガーリックバター味

［材料２人分］

しいたけ…６個
バター…10g
塩麹… 小さじ2
にんにく…１片
レモン… 適宜

［作り方］

❶ バターは常温でやわらかく戻し、塩麹と混ぜる。

❷ しいたけは軸を切り落とし、にんにくは薄切りにする。

❸ しいたけのかさの裏に①を塗り、にんにくをのせる。

❹ オーブントースターに③を入れて10分ほど焼く。器に盛り、レモンを添える。

おのメモ

トースターのすみっこで、切り落としたしいたけの軸をバターしょうゆ味で
焼けば、ムダにならず、なによりおいしい!　得した気分になります。

ピーマン丸ごと焼き

［材料 2人分］

ピーマン … 4個

Ⓐ 塩麹 … 小さじ2
　 バルサミコ酢 … 小さじ1弱

オリーブ油 … 少々

［作り方］

❶ ピーマンの表面に竹串で15か所ほど穴を開ける。

❷ Ⓐを混ぜる。

❸ フライパンを中火で熱してオリーブ油を引き、ピーマンを入れて弱火にし、蓋をして3～4分蒸し焼きにする。焼き色がついたら上下を返し、さらに3～4分蒸し焼きにする。

❹ ピーマンを器に盛り、②をかける。

れんこんのおろし焼き

［材料 2人分］

れんこん … 300g
片栗粉 … 大さじ2
塩麹 … 大さじ1
油 … 適量

［作り方］

❶ れんこんは皮をむき、少量は粗めに刻んでボウルに入れ、残りはすりおろす。片栗粉と塩麹を加えてよく混ぜる。

❷ フライパンを中火で熱して多めの油を引き、①を大きめのスプーンですくって落とし、だ円形に広げる。弱火にして蓋をし、3～4分蒸し焼きにする。

❸ 焼き色がついたら上下を返してさらに3～4分蒸し焼きにし、蓋を取って水分を飛ばす。

おのメモ

れんこんのモチモチした食感と、シャキシャキの歯応えが同時に楽しめます。れんこんと塩麹を混ぜたら、すぐに焼きましょう。放っておくと、麹の酵母の影響でれんこんから水分が出てしまうので注意してください。

にんじんとごぼうのかき揚げ

［材料２人分］

ごぼう … ¼本
にんじん … ½本
塩麹 … 小さじ2
米粉 … ½カップ
冷水 … 20～25ml
揚げ油 … 適量

［作り方］

❶ ごぼうは皮をこそげて3～4cm長さの拍子木切りにし、水にさらしてあくを抜き、水気をきる。にんじんは皮をむいて3～4cm長さの拍子木切りにする。

❷ 塩麹と①をざっくりとあえ、米粉をまぶして冷水を注ぎ、混ぜ合わせる。

❸ 揚げ油を160～170℃に熱し、②を3～5本ずつまとめて落とし入れ、衣がきつね色になるまで揚げる。

おのメモ

あらかじめ具と塩麹をあえるから、天つゆや塩をつけなくても食べられます。ごぼうもにんじんも塩麹のおかげで、甘みがぐっと増します!

冷しゃぶともやしの辛子塩麹あえ

［材料２人分］

豚ロース肉（しゃぶしゃぶ用）… 100g
片栗粉 … 小さじ２～３
もやし … ½袋
Ⓐ 塩麹 … 大さじ１½
　 練り辛子 … 小さじ½
黒こしょう … 少々

［作り方］

❶ 豚肉は片栗粉をまぶす。もやしは気になる場合はひげ根を取る。

❷ 鍋に湯を沸かし、豚肉を１枚ずつさっとゆでて水気をきり、粗熱が取れたら食べやすい大きさに切る。

❸ ②の鍋の湯で、もやしをさっとゆでる。

❹ Ⓐをよく混ぜてもやしをあえ、豚肉とともに器に盛り、黒こしょうをふる。

豚モツとトマトの煮込み

［材料 2～3人分］

豚モツ … 250g
ねぎ（青い部分）… 1本分
塩麹 … 大さじ2
トマト … 大1個
にんにく … 1片
みりん … 大さじ1

［作り方］

❶ 鍋にたっぷりの湯を沸かし、豚モツとねぎの青い部分を入れ、10分ほどゆでて水気をきる。粗熱が取れたら、豚モツに塩麹をまぶし、ジッパーつき保存袋などに入れて冷蔵室に1～2日おく。

❷ トマトはざく切り、にんにくは包丁の腹でつぶして鍋に入れ、水100ml、みりんを加えて中火にかけ、沸騰したら豚モツを加え、モツがやわらかくなるまで30分ほど煮込む。

おのメモ

モツを塩麹に漬けておくとやわらかくなり、臭みも抜けて一石二鳥。トマトのほどよい酸味とコクが後を引きます。肉の臭み消し用にもなるねぎの青い部分は、ふだんから捨てずに冷凍しておくと便利。

鶏皮ねぎ炒め

［材料 2人分］

鶏皮 … 150g
塩麹 … 大さじ1
ねぎ … 1本
削り節 … 1パック(3g)
酢 … 小さじ2

［作り方］

❶ 鶏皮はひと口大に切る。折り重ねた新聞紙などの上にペーパータオルを敷き、鶏皮を広げてのせる。電子レンジで2～3分加熱して脂を抜き、塩麹をまぶす。

❷ ねぎは斜め薄切りにする。

❸ フライパンを中火にかけて鶏皮を炒め、脂が出てきたらねぎも加えて炒め、しんなりしてきたら火を止め、削り節、酢を加えてざっと混ぜる。

おのメモ

削り節で鶏皮の臭みを抑え、酢で脂っこさを抑えています。
冷めないうちに食べましょう。

砂肝の酒蒸し

［材料 2人分］

砂肝（筋を取ったもの）… 120g
塩麹 … 大さじ1
ねぎ … 1本
にんにく … 1片
酒 … 50ml

［作り方］

❶ 砂肝は塩麹をもみ込む。ねぎは斜め薄切り、にんにくは薄切りにする。

❷ 鍋に酒を入れて中火にかけ、沸騰したらにんにく、砂肝、ねぎを加えて蓋をし、弱火にして1～2分蒸し煮にする。

❸ 蓋を取り、水分を飛ばしながら砂肝に火を通す。

おのメモ 砂肝に塩麹をもみ込んでひと晩おけば、さらに味がしみてオツな一品になります。

鶏肉とまぐろの揚げ焼き

［材料 2〜3人分］

鶏むね肉 … 1枚

まぐろ（刺し身用・ぶつ切り）… 150g

Ⓐ
- 塩麹 … 大さじ1½
- にんにく … 1片
- しょうが … 1片

米粉 … 適量

Ⓑ
- 塩麹 … 小さじ2
- 酢 … 小さじ2

揚げ油 … 適量

あれば貝割れ菜 … 適宜

［作り方］

❶ Ⓐのにんにく、しょうがはすりおろす。鶏肉はひと口大のそぎ切りにしてⓐをもみ込み、米粉をまんべんなくまぶす。まぐろにも米粉をまんべんなくまぶす。

❷ フライパンの2cm深さまで油を注いで熱し、①がきつね色になるまで揚げ焼きにする。

❸ Ⓑを混ぜる。

❹ ②を器に盛り、まぐろに③をかける。あれば貝割れ菜を添える。

まぐろのユッケ風

［材料２人分］

まぐろ（刺し身用・ぶつ切り）… 200 g
みりん … 大さじ1
塩麹 … 大さじ1
ごま油 … 少々

［作り方］

❶ みりんは耐熱容器に入れて電子レンジで20〜30秒加熱し、冷ます。

❷ まぐろはペーパータオルで表面の水分を拭き取り、短冊に切る。

❸ 塩麹、ごま油、①をよく混ぜてまぐろをあえ、冷蔵庫で冷やす。

かじきとトマトのレンジ蒸し

［材料２人分］

かじきまぐろ … 2切れ（200g）
トマト … 1個
にんにく … 1片
塩麹 … 大さじ2弱
乾燥バジル … 少々
こしょう … 少々
あればバジルの葉 … 適量

［作り方］

❶ トマトはへたを取ってざく切り、にんにくは薄切りにする。

❷ 耐熱容器にトマト、にんにく、塩麹、乾燥バジルを入れてよく混ぜ、その上にかじきまぐろをのせて、ふんわりとラップをし、電子レンジで1分30秒加熱し、上下を返してさらに1分30秒加熱する。

❸ 器にかじきまぐろを盛り、耐熱容器に残ったトマトソースをかけ、こしょうをふる。あればバジルの葉を飾る。

スモークサーモンの塩麹マリネ

［材料 2人分］

スモークサーモン … 100g
玉ねぎ … ½個
Ⓐ 塩麹 … 小さじ1
　 レモン果汁 … ½個分
黒こしょう … 少々

［作り方］

❶ 玉ねぎは薄切りにし、耐熱容器に入れてふんわりとラップをかけ、電子レンジで1分加熱する。いったん取り出して玉ねぎを混ぜ、さらに30秒加熱し、冷ます。スモークサーモンはひと口大に切る。

❷ Ⓐをよく混ぜ、①をあえる。器に盛り、こしょうをふる。

お刺し身のカルパッチョ風

［材料２人分］

刺し身（たい、さけ、帆立など）… 180g
ブロッコリースプラウト … 適量

Ⓐ
塩麹 … 大さじ１
オリーブ油 … 小さじ１
ゆずこしょう … 少々

［作り方］

❶ 刺し身はそれぞれ食べやすい大きさに切る。ブロッコリースプラウトは根元を切り落とす。

❷ Ⓐをよく混ぜる。

❸ 刺し身を器に盛って②をかけ、ブロッコリースプラウトを添える。

塩麹、オリーブ油、ゆずこしょうがなじむように、小さめの泡立て器でよく混ぜる。

えびとまいたけのホイル焼き

［材料２人分］

えび … 6尾
塩麹 … 大さじ１½
まいたけ … １パック
にんにく … １片
バター … 10g

［作り方］

❶ えびは頭を取って殻をむき、背わたを取って塩麹をまぶす。まいたけは石づきを切り落とし、食べやすい大きさに切る。にんにくは薄切りにする。

❷ アルミホイルを２枚広げ、まいたけ、えび、バターを½量ずつのせ、にんにくを散らす。全体を包んでオーブントースターで15〜20分焼く。

焼きざけのねぎ塩麹あえ

［材料２人分］

生ざけ … ２切れ
ねぎ（白い部分） … ½本
塩麹 … 大さじ１½〜２

［作り方］

❶ ねぎは斜め薄切りにして、塩麹であえる。

❷ さけはフライパンやグリルなどでこんがりと焼き、ひと口大に切る。

❸ ①と②をざっくりとあえる。

おのメモ ご飯の上にのせてお茶漬けにするのもおすすめ。ねぎ塩麹は、焼いた鶏肉や豚肉に合わせてもおいしいですよ。

いかとセロリの中華あえ

［材料２人分］

いか（刺し身用）… 100g
セロリ … １本
Ⓐ 塩麹 … 大さじ１
　 ごま油 … 小さじ１

［作り方］

❶ いかは細切りにする。セロリは葉を切り落とし、筋を取って縦半分に切り、斜め薄切りにする。

❷ Ⓐを混ぜ、①をあえる。

❸ 冷蔵庫で30分ほど味をなじませる。

おのメモ

冷蔵庫におくと、塩麹とごま油が具によ〜くなじみます。いかはとろりとした食感に！

たこと万能ねぎのゆずこしょうあえ

［材料２人分］

ゆでたこ（刺し身用）… 200ｇ
万能ねぎ … ３本
Ⓐ 塩麹 … 小さじ１½
　 オリーブ油 … 小さじ１
　 ゆずこしょう … 少々

［作り方］

❶ ゆでたこはひと口大に切り、万能ねぎは3cm長さに切る。

❷ Ⓐをよく混ぜ、①をあえる。

はんぺんの塩麹焼き

［材料2人分］

はんぺん … 大1枚（120g）
塩麹 … 小さじ1

［作り方］

❶ はんぺんは表面に格子状に切り目を入れ、塩麹を薄く塗る。

❷ オーブントースターの天板にオーブンシートを敷いて①を置き、5～6分焼く。

❸ 食べやすい大きさに切る。

いりことくるみの田作り風

［材料２〜３人分］

いりこ … 40g

くるみ … 60g

Ⓐ
- 塩麹 … 大さじ1
- 砂糖 … 大さじ2
- みりん … 大さじ1
- 酒 … 大さじ1

［作り方］

❶ くるみはフライパンでから炒りし、粗く刻む。

❷ いりこはフライパンでから炒りし、①とⒶを加えてよく混ぜ、水分を飛ばす。

❸ クッキングシートを敷いたバットなどの上に移し、完全に冷ます。

おのメモ

我が家の晩酌には、なくてはならないおつまみ。くるみの代わりにごまをたっぷり絡めてもおいしいです。ご飯にもよく合いますよ。

切り干し大根と塩昆布の酢のもの

［材料２人分］

切り干し大根 … 25g
塩昆布 … ふたつまみ（5g）
塩麹 … 小さじ1
酢 … 小さじ2

［作り方］

❶ 切り干し大根はさっと洗い、たっぷりの水に10分ほど浸して戻し、水気を絞る。長ければ食べやすい長さに切る。

❷ 塩麹と酢をよく混ぜ、塩昆布、①をざっくりとあえる。

高野豆腐と干ししいたけの炊き合わせ

［材料２人分］

干ししいたけ…３枚
高野豆腐…２枚
さやいんげん…７〜８本
片栗粉… 小さじ２
Ⓐ 塩麹… 大さじ２
　 みりん… 大さじ２
　 昆布…5cm

水で戻した高野豆腐は両手ではさんでギュッと押し、水気をきる。

［作り方］

❶ 干ししいたけは水300mlで戻し、４等分に切る（戻し汁は取っておく）。高野豆腐はかぶるくらいの水に浸してやわらかくし、水気をきって食べやすい大きさに切る。

❷ さやいんげんは筋を取って塩少々（分量外）を入れた熱湯でゆで、3〜4cm長さに切る。片栗粉は水50mlで溶く。

❸ 干ししいたけの戻し汁に水を足して300mlにし、Ⓐとともに鍋に入れて強火にかけ、高野豆腐としいたけを加える。沸騰したら弱火にして10分ほど煮、水溶き片栗粉を加えてさらに３分ほど煮る。器に盛り、さやいんげんを散らす。

ひじきのだし巻き卵

［材料２人分］

卵 … 3個
乾燥ひじき … 大さじ1
Ⓐ 水 … 50ml
　 削り節 … 1パック（3g）
　 塩麹 … 小さじ2
油 … 少々

［作り方］

❶ ひじきは水で戻して水気をきる。

❷ 卵はボウルに割りほぐし、Ⓐと①を加えてさらに混ぜる。

❸ 卵焼き器を中火で熱して油を引き、②の卵液を⅓量流し入れる。火が通ったら、奥から手前に巻き、ペーパータオルで油を塗り、残りの卵液も同様に流し入れて巻く。

❹ 食べやすい大きさに切り分ける。

おのメモ

削り節の代わりに桜えびやちりめんじゃこ、ひじきの代わりにきくらげなど、具を変えれば、このレシピとは違ったおいしさを楽しめます。

おからとベーコンのおかか炒め

［材料2人分］

おから … 1カップ（150g）
ベーコン … 2枚
削り節 … 1パック（3g）
Ⓐ 塩麹 … 大さじ1
　 水 … 100ml
油 … 少々

［作り方］

❶ ベーコンは2〜3mm幅に切る。
❷ Ⓐを混ぜる。
❸ フライパンを中火で熱して油を引き、ベーコンを炒める。
❹ ベーコンから脂が出てきたらおからも加えて炒め合わせ、②、削り節を加えてひと煮立ちさせる。

厚揚げと豚バラのオイスター煮

［材料２人分］

厚揚げ … １枚（約150g）
豚バラ薄切り肉 … 150g
しょうが … １片

🅐
水 … 100ml
塩麹 … 大さじ１
みりん … 大さじ１
オイスターソース … 小さじ２

［作り方］

❶ 厚揚げは熱湯を回しかけて油抜きをし、12等分に切る。豚肉はひと口大に切る。しょうがは太めのせん切りにする。

❷ 小鍋に🅐を入れて強火にかけ、沸騰したら①を加え、再び沸騰したら弱火にして蓋をずらしてのせ、ときどき混ぜながら10分ほど煮る。

ピリ辛こんにゃく

［材料 2人分］

こんにゃく … 1枚

Ⓐ
- 塩麹 … 大さじ1
- しょうゆ … 大さじ1
- みりん … 大さじ2
- 赤唐辛子 … 1本

［作り方］

❶ こんにゃくはさっとゆでてあく抜きをし、1cm幅に切って手綱こんにゃくにする。

❷ Ⓐは混ぜ合わせる。

❸ 鍋にこんにゃくを入れて炒り、水分が飛んだら②を加え、汁気がなくなるまで炒める。

おのメモ

こんにゃくの断面に切り込みを入れ、片方の端をくぐらせた「手綱こんにゃく」。少し手間がかかりますが、味が絡みやすいし、食べやすいし、見た目が可愛くて、ちょっとレトロな雰囲気がたまらないんです。

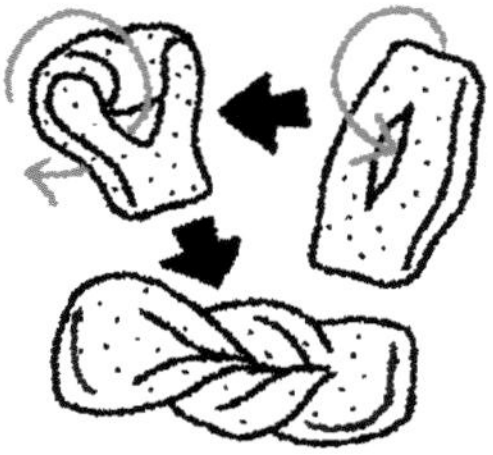

塩麹に調味料をプラスして

＋塩麹

カレー粉

塩麹の優しい味に
カレー粉の香りや辛みが加わって、
メリハリのきいた味に。
カレー粉は炒めると
粉っぽさがなくなります。

カレー肉じゃが

［材料２人分］

じゃがいも … ２個
豚ひき肉 … 100ｇ
Ⓐ 酒 … 大さじ１
　 カレー粉 … 小さじ１½
片栗粉 … 小さじ１½
塩麹 … 大さじ１
みりん … 大さじ１

［作り方］

❶ じゃがいもは皮をむいてひと口大に切る。
❷ 豚ひき肉にⒶをもみ込む。片栗粉を水50mlで溶く。
❸ 鍋に豚ひき肉を入れて中火にかけ、木べらなどでかき混ぜる。全体の色が変わったら、水100ml、塩麹、みりん、じゃがいもを加える。
❹ 煮汁が沸騰したら弱火にし、落とし蓋をして10～15分煮る。
❺ じゃがいもがやわらかくなったら、水溶き片栗粉を再度混ぜて加え、とろみをつける。

切り干し大根とツナのスパイシー炒め

［材料 2〜3人分］

切り干し大根 … 30g
ツナ缶（ノンオイル）… 1缶（70g）
Ⓐ カレー粉 … 小さじ½
　 塩麹 … 小さじ2
しょうが … 1片
油 … 少々
クミンシード … 小さじ½

［作り方］

❶ 切り干し大根はさっと洗い、たっぷりの水に10分ほど浸して戻し、軽く水気を絞って4〜5cm長さに切る。

❷ ツナは汁ごとⒶと混ぜる。しょうがはせん切りにする。

❸ フライパンを中火で熱して油を引き、クミンシードを入れてパチパチと音がするまで炒める。しょうがを加えて炒め、香りが立ったら切り干し大根とツナを加え、水分を飛ばしながら炒め合わせる。

かぼちゃとじゃこのカレー炒め

［材料 2人分］

かぼちゃ … ⅛個（200g）
ちりめんじゃこ … 10g
にんにく … 1片
油 … 少々
クミンシード … 小さじ½
カレー粉 … 小さじ½
塩麹 … 大さじ1½

［作り方］

❶ かぼちゃは種とわたを取り除き、薄切りにする。にんにくは薄切りにする。

❷ フライパンを中火で熱して油を引き、クミンシードを入れてパチパチと音がするまで炒める。にんにくを加えて炒め、香りが立ったらかぼちゃとカレー粉を加えて炒め合わせ、水50ml、塩麹を加えて水分を飛ばしながら炒める。

❸ ちりめんじゃこを加えて混ぜる。

オイスターソース

かきの凝縮したうまみで、パンチのあるおかずになります。ただし、塩麹の塩分があるので通常よりも少なめに加えましょう。

＋塩麹

オクラの中華風豚肉巻き

［材料２人分］

オクラ … 10本
豚バラ薄切り肉 … ５枚（100g）
Ⓐ 塩麹 … 小さじ１
　 オイスターソース … 小さじ１
　 酒 … 小さじ１
油 … 少々

［作り方］

❶ オクラは塩少々（分量外）をまぶして板ずりをし、産毛を取り、へたを切り落とす。

❷ 豚肉は半分の長さに切り、①を巻く。

❸ Ⓐを混ぜる。

❹ フライパンを中火で熱して油を引き、②をこんがりと焼く。

❺ フライパンの余分な油をペーパータオルで拭き取り、③を加えて水分を飛ばしながら絡める。

プチトマトと牛肉のオイスターソース炒め

［材料２人分］

プチトマト … 10～15個
牛切り落とし肉 … 150g
Ⓐ 塩麹 … 小さじ2
　 オイスターソース … 小さじ1
　 酒 … 小さじ1
ごま油 … 少々

［作り方］

❶ プチトマトはへたを取り、半分に切る。

❷ 牛肉はひと口大に切ってⒶをもみ込む。

❸ フライパンを中火で熱してごま油を引き、牛肉を炒める。色が変わったらプチトマトを加え、皮がしんなりするまで炒める。

きくらげの卵とじ

［材料２人分］

きくらげ … 4～5g
卵 … 2個
オイスターソース … 小さじ1
塩麹 … 小さじ1
ごま油 … 少々

［作り方］

❶ きくらげは水に30分ほど浸して戻し、石づきを切り落として2～4等分に切る。

❷ ボウルにオイスターソースと塩麹を入れて混ぜ、卵を割り入れてほぐし、きくらげも加える。

❸ フライパンを中火で熱してごま油を引き、②を流し入れて卵が半熟状になったら火を止める。

粒マスタード

粒マスタード特有の辛みと酸味を
塩麹がまろやかにしてくれます。
プチプチした食感が
おかずのアクセントになります。

＋塩麹

じゃがいもと ソーセージのソテー

［材料２人分］

じゃがいも … 大２個
粗びきソーセージ … １袋（約130g）
Ⓐ
粒マスタード … 小さじ２
塩麹 … 大さじ１
オリーブ油 … 少々

［作り方］

❶ じゃがいもはたわしでよく洗って芽を取り除き、皮つきのまま2～3mm幅のせん切りにして水にさらし、水気をきる。ソーセージは斜め半分に切る。

❷ ボウルにⒶを入れて混ぜる。

❸ フライパンを中火で熱してオリーブ油を引き、じゃがいもを炒め、しんなりしたらソーセージを加え、軽く焼き目がつくまで炒め合わせる。

❹ 熱いうちに②に加えてあえる。

にらとくらげの ごまマスタードあえ

［材料２人分］

塩蔵くらげ … 70g
にら … １束
Ⓐ 粒マスタード … 小さじ２
　 塩麹 … 小さじ１
すり白ごま … 少々

［作り方］

❶ くらげはさっと洗って水に30分ほど浸す（途中で一度、水をかえる）。水気をきって４～5cm長さに切る。

❷ にらは塩少々（分量外）を加えた熱湯でさっとゆで、水気をきって４～5cm長さに切る。

❸ ボウルにⒶを入れてよく混ぜ、①、②、すりごまを加えてあえる。

おのメモ

にらはゆでるとにおいがやわらぎます。ハムをせん切りにして加えれば、さらにリッチなひと皿に。

芽ひじきと鶏ささ身の マスタードドレッシング

［材料２人分］

芽ひじき … 大さじ２
鶏ささ身 … ２本
酒 … 大さじ½
Ⓐ 粒マスタード … 小さじ１
　 塩麹 … 大さじ１
　 オリーブ油 … 小さじ½

［作り方］

❶ 芽ひじきは水に20分ほど浸して戻し、水気をきる。

❷ ささ身は耐熱容器に入れて酒をふり、ラップをかけて電子レンジで１分加熱する。上下を返してさらに30秒加熱する。ラップをしたまま冷まし、筋を取って食べやすい大きさに裂く。

❸ Ⓐを混ぜ合わせ、芽ひじきとささ身をあえる。

基本レシピ

キャベツとしょうがの漬けもの

［材料 作りやすい分量］

キャベツ … ¼個
しょうが … 1片
塩麴 … 大さじ1½

［作り方］

❶ キャベツは2～3cm四方に切る。しょうがはせん切りにする。

❷ ボウルに①と塩麴を入れ、よく混ぜる。

❸ ジッパーつき保存袋に入れ、手で押して空気を抜き、口を閉じて冷蔵室で30分以上漬ける。

材料を切る

野菜と塩麴を混ぜる

漬ける

漬け方のポイント

- ジッパーつき保存袋がなければ、漬けもの用の蓋つきの保存容器に漬けても。
- 塩麴の分量は、野菜の重量の約1割と覚えておくと便利です。
- きゅうり、にんじんなど冷蔵庫に残っている野菜を刻んで、保存袋に足してもOK。このとき塩麴も適宜補いましょう。
- 長く漬け込むと、野菜に付着している乳酸菌のはたらきで発酵が進み、酸っぱくなります。好みにもよりますが、1週間以内に食べきりましょう。

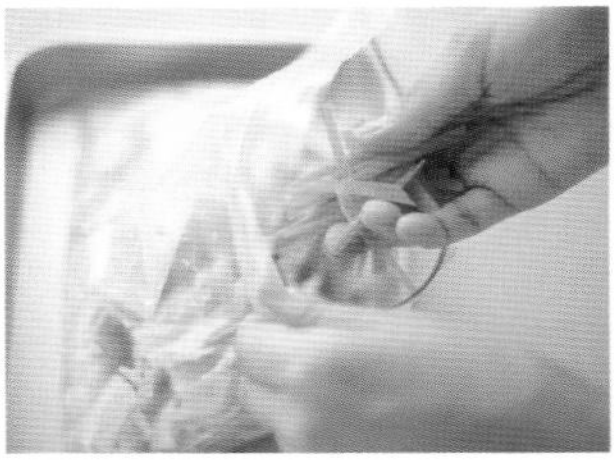

トマトの漬けもの

［材料 作りやすい分量］

トマト…2個
塩麹… 大さじ2

［作り方］

❶ トマトはへたを取り、くし形に切る。

❷ ボウルに①と塩麹を入れてまぶす。

❸ ジッパーつき保存袋に入れ、空気を抜いて口を閉じ、冷蔵室でひと晩漬ける。

❹ 軽く水気をきって器に盛る。

おのメモ

＊飲みすぎてかわいたのどに冷たいトマトが心地よく、おつまみにも最適。
＊トマトのおいしさがギュッと凝縮され、いくらでも食べられるので多めに作っておくとよいですよ。

ピーマンの漬けもの

［材料 作りやすい分量］

ピーマン…6個
塩麹… 大さじ2

［作り方］

❶ ピーマンは種とへたを取って縦半分に切る。

❷ ボウルに①と塩麹を入れてもみ込む。

❸ジッパーつき保存袋に入れ、空気を抜いて口を閉じ、冷蔵室でひと晩漬ける。

❹軽く水気をきり、ひと口大に切る。

おのメモ

恥ずかしいほどシンプルなのですが、時間がたってもピーマンがシャクシャクしておいしい。冷やしてお召し上がりください。

ミックス野菜の塩麹漬け

［材料 作りやすい分量］

きゅうり … 1本
かぶ … 1〜2個
にんじん … ½本
塩麹 … 大さじ2

［作り方］

❶ きゅうりはピーラーで皮を縞状にむき、縦半分に切って種を取り、斜め薄切りにする。かぶとにんじんは薄切りにする。

❷ ①と塩麹をよく混ぜる。

❸ ジッパーつき保存袋に入れ、空気を抜いて口を閉じ、冷蔵室で30分以上漬ける。

おのメモ

キャベツ、白菜、ピーマン、大根、なすなど、好きな野菜で作れます。
その場合、野菜の重量に対して塩麹は約1割、を目安にしてください。

大根のゆずハーブ漬け

［材料 作りやすい分量］

大根 … ⅓～½本
チャービル（セルフィーユ）… 1束
ゆず皮 … 少々
ゆず果汁 … 小1個分
塩麹 … 大さじ4

［作り方］

❶ 大根は皮をむいて3～4mm幅のせん切り、チャービルは粗く刻む。ゆず皮はせん切りにする。

❷ すべての材料をジッパーつき保存袋に入れてよく混ぜ、空気を抜いて口を閉じ、冷蔵室で30分以上漬ける。

きのこを切る

きのこをゆでる

塩麹を混ぜる

漬ける

基本レシピ

きのこの塩麹漬け

［材料 作りやすい分量］

えのきたけ … 1袋（100g）
しめじ … 1袋（100g）
しいたけ … 6個
塩麹 … 大さじ3～3 ½

［作り方］

❶ えのきたけは石づきを切り落として食べやすい長さに切る。しめじは石づきを切り落として小房に分ける。しいたけは軸を切り落として薄切りにする。

❷ 鍋に湯を沸かし、きのこを入れて1分ゆで、ざるに上げて水気をきる。

❸ きのこをボウルに入れ、熱いうちに塩麹を混ぜる。

❹ ジッパーつき保存袋に入れ、手で押して空気を抜き、口を閉じて冷蔵室で30分以上漬ける。

漬け方のポイント

- きのこはえのきたけ、しめじ、しいたけ以外にも、まいたけ、エリンギ、マッシュルームなど、お好みのものを3種ほど組み合わせればOK。
- そのまま食べるというよりは、おかずの素として活用します。グラタンやマリネのほかに、冷ややっこ、ざるそば、そうめん、うどんの具に、スープや汁ものの実に、卵焼きや炒めものの具など、私はさまざまなおかずに加えています。
- 長期間漬けると酸味が強くなるので、1週間以内に食べきりましょう。

（きのこを使って）塩麹きのこの冷ややっこ

［材料２人分］

豆腐（木綿でも絹ごしでも可）… ½丁
きのこの塩麹漬け（P.90参照）… 85～90g
唐辛子塩麹（または豆板醤）… 少々（※）
ごま油 … 大さじ½

※唐辛子塩麹の作り方（作りやすい分量）
塩麹大さじ4と唐辛子粉（粗びき）大さじ1をよく混ぜ、
冷蔵室にひと晩おいて味をなじませる。

［作り方］

❶ 豆腐は食べやすい大きさに切る。

❷ きのこの塩麹漬けに唐辛子塩麹を混ぜて豆腐の上にのせ、ごま油をかける。

（きのこを使って）塩麹きのこのスパゲッティ

［材料 2人分］

きのこの塩麹漬け（P.90 参照）
… 1カップ（125g）
スパゲッティ … 200g
にんにく … 1片
オリーブ油 … 少々
塩麹 … 大さじ1 ½
こしょう … 少々

［作り方］

❶ スパゲッティは塩少々（分量外）を加えた熱湯で表示通りにゆで、水気をきる。

❷ にんにくは薄切りにする。

❸ フライパンを弱火で熱してオリーブ油を引き、にんにくを炒める。香りが立ったら火加減を少し強めにし、きのこの塩麹漬け、塩麹、①を加えて炒め合わせる。

❹ 器に盛り、こしょうをふる。

おのメモ

応用として、豆腐の塩麹漬け（P.108参照）½丁分、オリーブ油大さじ1、レモン汁大さじ1（豆腐の酸味が強ければ加えなくてもよい）をすべてフォークなどでつぶしながら混ぜてなめらかにし、でき上がったスパゲッティをあえると、よりクリーミーで濃厚な味わいになりますよ。

（きのこを使って）
塩麹きのこのマカロニグラタン

［材料２人分］

きのこの塩麹漬け（P.90参照）
…２カップ（250g）

マカロニ … 100g　玉ねぎ … ½個
油 … 少々　バター … 20g
塩麹 … 小さじ2　小麦粉 … 大さじ3
牛乳 … 400ml　ピザ用チーズ … 適量

［作り方］

❶ マカロニは塩少々（分量外）を加えた熱湯で表示通りにゆで、水気をきる。玉ねぎは薄切りにする。

❷ フライパンを中火で熱して油を引き、玉ねぎを透き通るまで炒める。バター、きのこの塩麹漬け、塩麹を加えて炒め、小麦粉をふり入れてなじませる。

❸ ②に牛乳を加えてよく混ぜ、とろみがついたらマカロニも加えて混ぜる。

❹ グラタン皿に③を入れてピザ用チーズをのせ、オーブントースターでチーズに焦げ目がつくまで10～12分焼く。

（きのこを使って）
塩麹きのことさやいんげんのマリネ

［材料２～３人分］

きのこの塩麹漬け（P.90参照）
…２カップ（250g）

さやいんげん … 150g

Ⓐ 酢 … 大さじ１½
　 オリーブ油 … 大さじ½

［作り方］

❶ さやいんげんは筋を取り、塩少々（分量外）をまぶして板ずりをする。熱湯で30秒ほどゆで、冷水にさらして冷まし、4～5cm長さに切る。

❷ Ⓐをよく混ぜ、きのこの塩麹漬けと①をあえる。

基本レシピ

豚ロースの塩麹漬け

［材料２人分］

豚ロース厚切り肉 … ２枚（180g）
塩麹 … 大さじ１強

［作り方］

❶ 豚肉の表面の水気をペーパータオルで拭き取る。

❷ バットやまな板にラップを広げ、塩麹大さじ¼強をのせてゴムべらなどで薄く広げる。その上に豚肉を置き、肉の表面に塩麹大さじ¼強をのせてまぶす。これを２セット作る。

❸ ラップで包んでジッパーつき保存袋に入れ、手で押して空気を抜き、口を閉じて冷蔵室で30分～3日漬ける。

❹ フライパンを中火で熱して油少々（分量外）を引き、豚肉を塩麹をつけたまま入れて蓋をし、両面を色よく焼く。

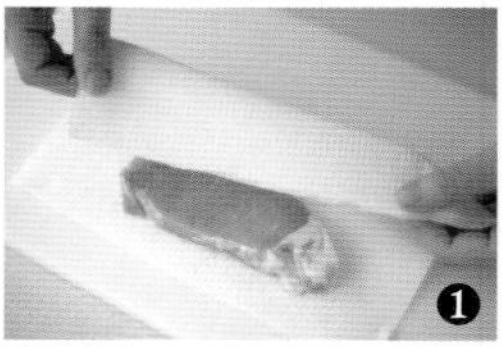

肉の下ごしらえ

塩麹をまぶす

漬ける

焼く

漬け方のポイント

- 塩麹の分量は、肉の重量の約１割と覚えておくと便利です。
- フライパンで焼くときは蓋をして蒸し焼きにすると、中までしっかり火が通ります。
- フライパン以外に、魚焼きグリルで焼いてもおいしいです。
- 漬けて30分で食べられますが、ひと晩漬けるほうが肉質がやわらかくなり、よりおいしくなります。
- 長く漬け込むと発酵由来の風味が強くなるので、3日で食べきりましょう。

豚肉とチンゲン菜のしょうが炒め

［材料2人分］

豚切り落とし肉 … 150g
塩麹 … 大さじ1
チンゲン菜 … 2株
しょうが … 1片
ごま油 … 少々

［作り方］

❶ 豚肉はひと口大に切って塩麹をまぶし、ジッパーつき保存袋に入れ、空気を抜いて口を閉じ、冷蔵室で30分〜3日漬ける。

❷ チンゲン菜はひと口大に切り、しょうがはせん切りにする。

❸ フライパンを中火で熱してごま油を引き、しょうがを炒める。香りが出てきたら、豚肉をほぐしながら入れて炒め、表面の色が変わったらチンゲン菜も加えてさっと炒め合わせる。

塩麹豚肉とアボカドのご飯

［材料 4人分］

豚ロース厚切り肉 … 200g
こしょう … 少々
塩麹 … 大さじ1 ½
米 … 2合
水 … 約400ml
アボカド … 1個
しょうゆ … 小さじ2
レモン … 適量

［作り方］

❶ 豚肉はペーパータオルで水気を拭き、こしょうをまぶしてすり込む。塩麹もまぶしてラップで包み、ジッパーつき保存袋に入れて空気を抜き、口を閉じて冷蔵室で30分〜3日漬ける。

❷ 米はといで炊飯器の内釜に入れ、分量の水を注いで1時間ほど浸水させる。

❸ アボカドは半分に切って種を取り出し、皮をむいてひと口大に切る。①もひと口大に切り、アボカドとともに②の上にのせ、しょうゆも加えて普通に炊飯する。

❹ 器に盛り、レモンを添える。

鶏もも肉のハーブ漬け焼き

［材料２人分］

鶏もも肉 … ２枚
にんにく … １片
粗びき黒こしょう … 少々
塩麹 … 大さじ3
乾燥ローズマリー … 小さじ2
ローリエ … ２枚
油 … 少々

［作り方］

❶ 鶏肉は表面の水気をペーパータオルで拭き取る。余分な脂肪を包丁で取り除き、皮に包丁の先で数か所穴を開け、裏も筋を切るように数か所切り込みを入れる。厚ければ包丁で切り開く。にんにくはすりおろす。

❷ ①に黒こしょうをふってもみ込み、にんにく、塩麹、ローズマリーを混ぜて肉にまぶし、ローリエも一緒にラップで包む。ジッパーつき保存袋に入れ、空気を抜いて口を閉じ、冷蔵室で30分～3日漬ける。

❸ フライパンを中火で熱して油を引き、ローリエを取り除いた鶏肉を皮を下にして入れ、弱めの中火にして蓋をし、5～6分焼く。鶏肉の上下を返して再び蓋をし、3～4分焼く。食べやすい大きさに切って器に盛る。

鶏ハム　青のり風味

［材料 作りやすい分量］

鶏むね肉 … 1枚（約300g）
塩麹 … 大さじ2
青のり … 小さじ2

くるくる巻いた鶏肉をラップできっちり包み、両端を結んで形を整える。

［作り方］

❶ 鶏肉は皮を取り除いてペーパータオルで水気を拭き、厚ければ包丁で切り開く。塩麹をまぶしてラップで包み、ジッパーつき保存袋に入れ、空気を抜いて口を閉じ、冷蔵室で30分～3日漬ける。

❷ ペーパータオルで鶏肉の水気を拭いて片面に青のりをふり、この面を内側にしてくるくる巻く。ラップでキャンディ状にきっちり包み、両端を結んでハムの形に整える（写真左参照）。

❸ ②をさらにアルミホイルで包んで鍋に入れ、水をひたひたに注ぎ、強火にかける。沸騰したら火を弱めて10分ゆで、火を止めてそのまま冷ます。人肌まで冷めたら冷蔵室で冷やす。

❹ アルミホイルとラップを取り、食べやすい大きさに切る。

塩麹蒸し鶏

［材料２人分］

鶏もも肉 … １枚（250g）
塩麹 … 小さじ２
Ⓐ 水 … 50ml
　 酒 … 大さじ１
しょうがの薄切り … １片分
（またはねぎの青い部分 … １本分）
香菜 … 適量

［作り方］

❶ 鶏肉は表面の水気をペーパータオルで拭き取る。塩麹を全体にまぶし、ジッパーつき保存袋に入れ、空気を抜いて口を閉じ、冷蔵室で30分～3日漬ける。

❷ ①を袋から出して厚手の鍋に入れ、Ⓐ、しょうが（またはねぎ）も加えて弱めの中火にかける。沸騰したら鶏肉を裏返し、再び沸騰したら火を弱めて蓋をし、15分蒸す。火を止めてそのまま冷ます。

❸ ②を食べやすい大きさに切り、器に盛る。香菜をのせる。

おのメモ

＊鶏むね肉でも同じように作れます。むね肉の場合、薄切りにして蒸し汁に漬けておくと、水分を吸ってよりしっとりとした食感に。
＊写真のように香菜など好みの薬味をのせたり、ポン酢しょうゆやマヨネーズで食べたりしてもおいしいです。

レバーの塩麹煮

［材料 2人分］

鶏レバー … 100g
塩麹 … 大さじ½
しょうが … 1片弱
香菜 … 適量

［作り方］

❶ 鶏レバーは脂肪や血のかたまりを取り除き、ひと口大に切って水にさらしてよく洗い、水気をきる。

❷ ①に塩麹をもみ込んでジッパーつき保存袋に入れ、空気を抜いて口を閉じ、冷蔵室で30分〜3日漬ける。

❸ しょうがは薄切りにする。

❹ 鍋に②とひたひたの水、しょうがを入れて中火にかけ、沸騰したら弱火にしてあくを取り、落とし蓋をして10分弱煮込む。火を止めてそのまま冷ます。

❺ 冷めたらゆで汁をきり（ゆで汁は漉してスープに使える）、器に盛って食べやすく切った香菜をのせる。

（レバーを使って）レバーペースト

［材料 作りやすい分量］

レバーの塩麹煮 … 約80g（上記レシピの全量）
玉ねぎ … ¼個
オリーブ油 … 少々
塩麹 … 小さじ1
乾燥バジル … 少々
粗びき黒こしょう … 少々

［作り方］

❶ 玉ねぎは薄切りにする。

❷ フライパンを中火で熱してオリーブ油を引き、玉ねぎと塩麹を加えて玉ねぎが透き通るまでよく炒める。

❸ フードプロセッサーにレバーの塩麹煮、②、バジルを入れ、ペースト状になるまで攪拌する。

❹ 器に盛り、黒こしょうをふる。

おのメモ

少しやわらかめのペーストですが、レバーと玉ねぎと塩麹というシンプルな材料で作ってあるので、バケットやクラッカーなどにたっぷり塗っても食べ飽きません。

さけの下ごしらえ

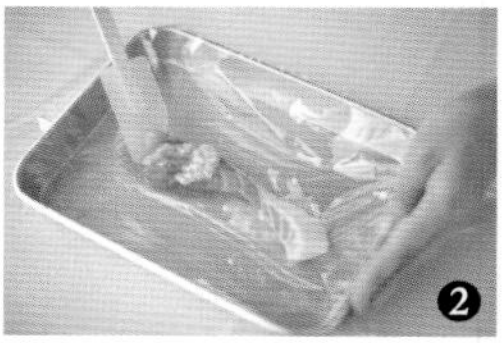

塩麹をまぶす

漬ける

焼く

基本レシピ

さけの塩麹漬け

［材料２人分］

生ざけ … ２切れ
塩麹 … 大さじ１

［作り方］

❶ さけは表面の水気をペーパータオルで拭き取る。

❷ バットやまな板にラップを広げ、塩麹大さじ¼をのせてゴムべらなどで薄く広げる。その上にさけを置き、さけの表面に塩麹大さじ¼をのせてまぶす。これを２セット作る。

❸ ラップで包んでジッパーつき保存袋に入れ、手で押して空気を抜き、口を閉じて冷蔵室で30分～３日漬ける。

❹ フライパンを中火で熱して油少々（分量外）を引き、さけを塩麹をつけたまま入れて蓋をし、両面を色よく焼く。

漬け方のポイント

- 塩麹の分量は、魚介の重量の約１割と覚えておくと便利です。
- フライパンで焼くときは蓋をして蒸し焼きにすると、中までしっかり火が通ります。
- フライパン以外に、魚焼きグリルで焼いてもおいしいです。
- 漬けて30分で食べられますが、ひと晩漬けるほうが身がやわらかくなり、よりおいしくなります。
- 長く漬け込むと発酵由来の風味が強くなるので、３日で食べきりましょう。

ぶりのゆずこしょう風味照り焼き

［材料2人分］

ぶり … 2切れ
塩麹 … 大さじ1
Ⓐ 酒 … 大さじ1
　みりん … 大さじ1
　ゆずこしょう … 少々
油 … 少々

［作り方］

❶ ぶりは水気をペーパータオルで拭く。塩麹を全体にまぶしてラップで包み、ジッパーつき保存袋に入れ、空気を抜いて口を閉じ、冷蔵室で30分～3日漬ける。

❷ Ⓐはよく混ぜる。

❸ フライパンを中火で熱して油を引き、ぶりを塩麹をつけたまま入れ、弱めの中火にして蓋をし、片面2分ずつこんがりと焼く。

❹ フライパンの余分な脂を拭き、②を加えてぶりに絡めながら水分を飛ばす。

さんまの塩麹煮

［材料２人分］

さんま … 2尾
塩麹 … 大さじ1
酒 … 50ml
水 … 50ml
Ⓐ しょうがの薄切り … 1片分
　 ねぎの青い部分 … 1本分
しょうがのせん切り … 適量

［作り方］

❶ さんまは頭と内臓を取って2〜4等分に切る。よく洗って水気を拭き、塩麹を全体にまぶす。ラップで包んでジッパーつき保存袋に入れ、空気を抜いて口を閉じ、冷蔵室で30分〜3日漬ける。

❷ 鍋に酒と水を入れて中火にかけ、煮立ったらⒶを加えてさんまを並べて入れる。落とし蓋をして弱めの中火にし、15〜20分煮る。

❸ 器に盛り、しょうがをのせる。

おのメモ

＊圧力鍋を使う場合、煮汁が煮立ったあと、弱火にして7分ほど加熱したら、火を止めます。圧力鍋で煮ると、骨までやわらかく食べられます。
＊冷めてもおいしいので、お弁当のおかずにも。

いかの塩麹焼き

［材料２人分］

いか … １ぱい
塩麹 … 大さじ１〜１½

おのメモ

麹の力で身がふっくらやわらかくなり、味も凝縮されます。

［作り方］

❶ いかは胴から足をわたごと引き抜き、軟骨を取り除く。足とわたを切り分け、くちばしを取り除き、足は食べやすい長さに切る。胴は中を洗って皮をむき、塩麹を全体にまぶす。

❷ ラップで包んでジッパーつき保存袋に入れ、空気を抜いて口を閉じ、冷蔵室で30分〜3日漬ける。

❸ フライパンを中火で熱していかを焼く。こんがりと焼き色がついたら上下を返して弱火にし、蓋をして３〜４分蒸し焼きにする。

❹ 中まで火が通ったら取り出し、食べやすい幅に切る。

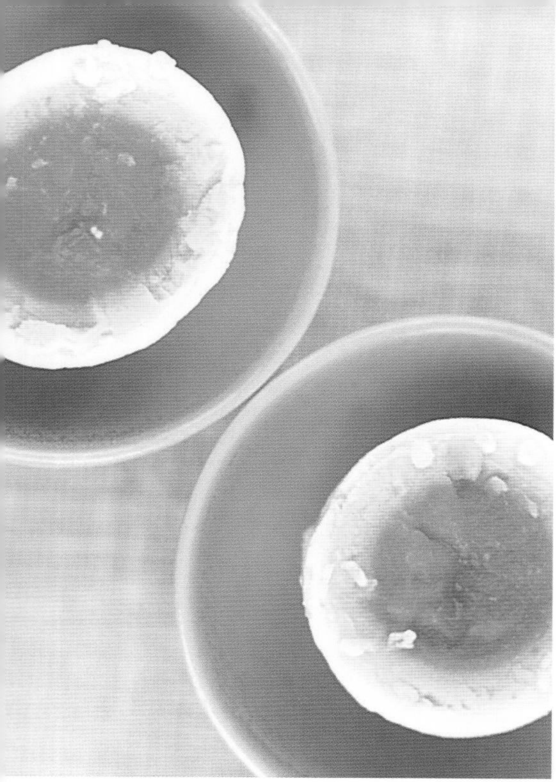

基本レシピ

ゆで卵の塩麹漬け

［材料 4個分］

ゆで卵 … 4個
塩麹 … 大さじ2

［作り方］

❶ ゆで卵は殻をむいてジッパーつき保存袋に入れ、塩麹を加えてまぶし、手で押して空気を抜き、口を閉じて冷蔵室でひと晩以上漬ける。

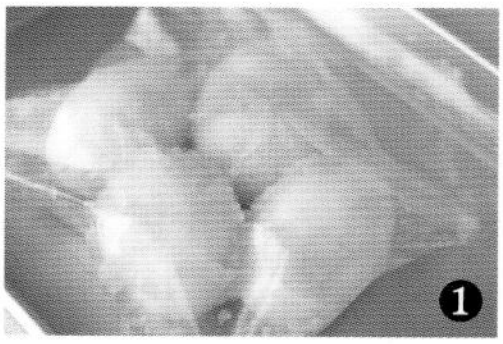

漬ける

漬け方のポイント

- ゆで卵は半熟、またはかためにゆでたもののどちらでもおいしく作れます。

＊ゆで卵の作り方…鍋に卵とかぶるくらいの水を入れて強火にかけ、沸騰したら弱火で6分30秒（半熟）～7分30秒（かため）ゆで、すぐ冷水にさらして冷まし、殻をむく。

- 写真の右が漬けていないゆで卵で、左がひと晩漬けたゆで卵。塩麹漬けのほうが白身がやわらかく、黄身にもほのかに塩味があり、ねっとりとした食感に。
- ひと晩～3日漬けると塩味がしみたおいしいゆで卵という感じで、1週間漬けるとチーズやマヨネーズを思わせる濃厚な味わいになります。
- 切ってそのままサラダやサンドイッチの具に使えます。
- 私は2か月半熟成させたものまで食べたことがありますが、衛生的に心配なので3週間以内に食べきりましょう。ちなみに、3週間以降は味の変化がほとんどありません。

（ゆで卵を使って）
塩麹ゆで卵とミックスビーンズのサラダ

［材料 2人分］

ゆで卵の塩麹漬け（1週間ほど漬けたもの・P.106参照）… 2個
オリーブ油 … 大さじ1
ミックスビーンズ缶 … 約120g
黒こしょう … 少々

［作り方］

❶ ゆで卵の塩麹漬けはフォークなどで粗くつぶし、オリーブ油と混ぜ合わせる。

❷ ミックスビーンズ、黒こしょう、①をあえる。

（ゆで卵を使って）
ゆで卵の塩麹漬けディップ

［材料 作りやすい分量］

ゆで卵の塩麹漬け
（1週間ほど漬けたもの・P.106参照）… 2個
塩麹 … 小さじ½〜1
オリーブ油 … 大さじ½〜1

［作り方］

❶ ゆで卵の塩麹漬けをボウルに入れてフォークなどで粗くつぶし、塩麹、オリーブ油を混ぜる。

おのメモ まるでマヨネーズのような味わいは、スティック野菜のほか、バゲットやクラッカーにもよく合います。塩麹とオリーブ油の分量は、ゆで卵の味とかたさによって変わるので、味見をしながら、少しずつ加えて調整してください。

基本レシピ

豆腐の塩麹漬け

［材料 作りやすい分量］

豆腐 … 1丁
塩麹 … 大さじ2

［作り方］

❶ 豆腐は半分に切ってペーパータオルで包み、重しをして30分～1時間おき、じゅうぶんに水気をきる。

❷ バットやまな板にラップを広げ、塩麹大さじ⅓をのせてゴムべらなどで薄く広げる。その上に豆腐½丁を置き、表面に塩麹大さじ⅔をのせてまぶす。これを2セット作る。

❸ ②を包み、さらに厚手のペーパータオルなどで全体を包む。ジッパーつき保存袋に入れ、手で押して空気を抜き、口を閉じて冷蔵室で3日以上漬ける。

豆腐の下ごしらえ

塩麹をまぶす

漬ける

漬け方のポイント

- 塩麹の分量は、豆腐1丁に対して大さじ2と覚えておくと便利です。
- 豆腐は木綿でも絹ごしでも、どちらでもかまいません。そのまま食べるなら木綿のほうがかたくて食べやすく、ペーストにするなら絹ごしのほうがなめらかです。
- 写真の左が生の豆腐、右が塩麹に漬けて1週間の豆腐です。豆腐を塩麹に漬けると余分な水分が抜けて小さくなり、うまみが凝縮されます。
- 豆腐から水分が出て、袋の中に黄色い水がたまります。その都度捨ててください。
- 袋に漬けた日付を記入しておくと便利。漬けた日数別に食べ比べても楽しいです。
- 3日〜1週間でチーズ風味のおつまみにぴったりな豆腐になり、1〜3週間漬けると酸味の強い、クセのある濃厚なチーズ味になります。酸味が苦手な場合、火を通してから食べるとやわらぎます。
- まれに豆腐がピンク色などに変色することがあります。雑菌が繁殖しているおそれがあるので、食べずに捨ててください。
- 私は3か月半熟成させたものまで食べたことがありますが、衛生的に心配なので3週間以内に食べきりましょう。ちなみに、3週間以降は味の変化がほとんどありません。

（豆腐を使って）じゃがいもの塩麹豆腐ソースあえ

［材料2人分］

じゃがいも … 大2個

Ⓐ
- 豆腐の塩麹漬け（1週間ほど漬けたもの・P.108参照）… ¼丁分
- 豆乳 … 30ml
- 塩麹 … 大さじ2

黒こしょう … 少々

［作り方］

❶ じゃがいもは皮をむいてひと口大に切り、耐熱皿に並べてラップをふんわりとかけ、電子レンジで2分加熱する。ざっくり混ぜてさらに2分加熱する。

❷ Ⓐをよく混ぜて①をあえ、黒こしょうをふる。

おのメモ 麹の酵素のはたらきで、じゃがいものデンプンが分解されて水分が出てきます。作ったらその日のうちに食べましょう。

（豆腐を使って）塩麹豆腐とゴーヤのチャンプルー

［材料２人分］

豆腐の塩麹漬け（1週間ほど漬けたもの・P.108参照）… ½丁分
ゴーヤ … １本
ベーコン … ２枚
卵 … １個
ごま油 … 適量
塩麹 … 大さじ１

［作り方］

❶ ゴーヤは縦半分に切り、スプーンなどで種を取って薄切りにする（苦みが気になる場合は、塩適量でもんで水で洗い、水気をきる）。

❷ 豆腐の塩麹漬けはさいの目に切る。ベーコンは1cm幅に切る。卵は割りほぐす。

❸ フライパンを中火で熱してごま油を引き、豆腐を並べて焼く。全体に軽く焼き色がついたら取り出す。

❹ ③のフライパンを中火で熱してベーコンを炒め、脂が出てきたらゴーヤ、塩麹を加えて炒める。

❺ ゴーヤがしんなりしたら豆腐を戻し入れ、さっと炒め合わせる。卵を加えてざっと混ぜる。

おのメモ

豆腐の塩麹漬けの熟成味と香りが特徴です。しっかりとした味わいで、いつもとはひと味違う一品になりますよ。

（豆腐を使って）塩麹豆腐ハンバーグ

［材料２人分］

豆腐の塩麹漬け
（１週間ほど漬けたもの・P.108参照）… １丁分
鶏ひき肉（あればもも肉）… 200g
乾燥芽ひじき … 大さじ３
卵 … １個

Ⓐ
片栗粉 … 大さじ１½
しょうがのすりおろし … １片分
塩麹 … 大さじ２
パン粉 … ½カップ

油 … 適量

［作り方］

❶ 芽ひじきは水に20分ほど浸して戻し、水気をきる。

❷ ボウルに豆腐の塩麹漬け、鶏ひき肉、芽ひじき、卵、Ⓐを入れ、粘りが出るまで手でよく混ぜる。

❸ ②を６等分にし、だ円形に整えて中央をくぼませる。

❹ フライパンを中火で熱して油を引き、ハンバーグを並べて入れる。焼き色がついたら上下を返し、弱火にして中まで火を通す。仕上げに強火にしてこんがりと焼き色をつける。

（豆腐を使って）おからときゅうりの塩麹豆腐サラダ

［材料２人分］

きゅうり … １本
おから … 100g

Ⓐ
豆腐の塩麹漬け（１週間ほど漬けたもの・P.108参照）… ¼丁分
豆乳 … 50ml
塩麹 … 大さじ２½
オリーブ油 … 大さじ１
すり白ごま … 少々

［作り方］

❶ きゅうりは縦半分に切って斜め薄切り、おからはほぐしてきゅうりと混ぜる。

❷ Ⓐをよく混ぜ、①をあえる。

コラム

麹を使った郷土料理

日本麹食品マップ

北海道～東北全般
三升漬け
福島・山形・秋田県など
三五八漬け
北海道
ニシン漬け
鮭の飯寿司
かすべの白菜漬
がっくら漬け
青森県
大根のにしん漬け
秋田県
はたはた漬け
大根のなた割り漬け
岩手県
醪（さか）饅頭
どぶろく
山形県
あけがらし
五斗納豆
（P.114参照）
宮城県
仙台味噌
あざら
新潟県
かんずり
長野県
信州味噌
まぁーず
福島県
紅葉漬け
栃木県
しもつかれ
山梨県
甲州味噌
東京都
べったら漬け
甘酒
静岡県
浜納豆
わさび漬け
愛知県
八丁味噌
守口漬け
京都
大徳寺納豆
西京味噌
奈良県
奈良漬け

2012年に雑誌の連載で、日本全国の麹食品を探す（食べる）取材に行けるという幸運に恵まれました。北は岩手県、南は鹿児島県まで訪ね歩き、かんずり、ふぐの子のぬか漬け、かぶら寿司、しょうゆ、あざら、どぶろく、醪《さか》饅頭、赤酒、豆腐の味噌漬け、酒寿司、黒酢、碁石《ごいし》茶、甘酒など、多彩な麹食品に出会いました。麹菌は生きていて、時間の経過によりぷくぷくと発酵したり、味が深くなったりと変化をするので、どの生産者の方も、麹菌の気持ち（性質）を理解して慈《いつく》しんでつくっているのが印象的でした。

新潟県のかんずりは、唐辛子・塩・ゆずというバラバラな食材を、麹が3年かけて味をまとめてくれるそう。岩手県のどぶろくは、信じられないほど軽やかにシュワシュワ発泡していて、いくらでも飲めました。鹿児島県の黒酢は、玄米麹が玄米のデンプンを分解して糖をつくる→酵母菌がアルコール発酵させる→酢酸菌が酢をつくる、という工程が1個の壺の中でおこなわれるという、原始的な醸造法でつくっていました。

高知県の碁石茶は、蒸した茶葉を筵《むしろ》に広げ、上からも筵をかけて、筵についている菌を繁殖させます。さらにその茶葉を木桶に漬け込んで2回も乳酸発酵させて干すという、手間がかかっているお茶です。それだけ手間や愛情をかけてつくった食品は、それなりのお値段はしますが、それに見合うだけの深いおいしさがありますし、体もきっと喜びます。まだまだ日本にはたくさんの漬けものや発酵食品がありますので、ぜひ探して、味わってみてください。

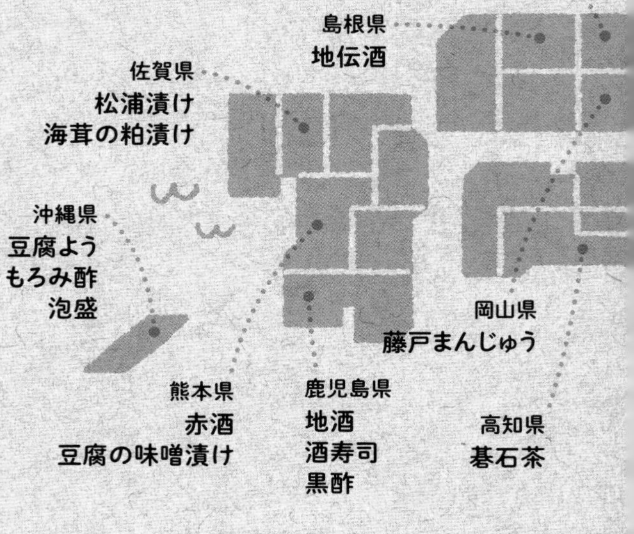
石川県
ふぐの子のぬか漬け・粕漬け
かぶら寿司
サザエの麹漬け
鳥取県
するめの麹漬け
（P.116参照）
島根県
地伝酒
佐賀県
松浦漬け
海茸の粕漬け
沖縄県
豆腐よう
もろみ酢
泡盛
岡山県
藤戸まんじゅう
熊本県
赤酒
豆腐の味噌漬け
鹿児島県
地酒
酒寿司
黒酢
高知県
碁石茶

作れる！ 麹の郷土料理① 麹納豆（五《ご》斗《と》納豆）山形県

「五斗納豆」とは、納豆、塩、麹を樽に漬け込んだもの。山形ではご飯にかけて食べます。名前は字のとおり、五斗（約90ℓ）も入る樽でつくっていたことに由来します。冬につくって雪の中で保存していたことから「雪割り納豆」とも呼ばれます。私もつくってみたいと思い、自己流にアレンジしてみました。といっても、麹をぬるま湯でふっくらと戻したものに、納豆と塩昆布を加えて混ぜるだけ。なんなら麹を戻さずに全部一緒に混ぜちゃっても大丈夫です。納豆の強いネバネバが抑えられ、熟成中に麹菌＋納豆菌の酵素がはたらいてうまみもアップ。麹の甘みも加わり、優しい味になります。

自己流「麹納豆」の作り方

保存期間：冷蔵室で約1週間

［材料 作りやすい分量］

納豆 … 2パック（100g）
麹 … 30g
ぬるま湯（50〜60℃）
… 30〜45ml（乾燥麹の場合は多めに）
塩昆布 … 10g

［作り方］

❶ 麹は手でほぐして耐熱性の保存容器に入れ、ぬるま湯を注いで蓋をし、タオルや毛布でくるみ、3〜5時間保温して戻す。

❷ 塩昆布は長ければ2〜3cm長さに切り、納豆、①とよく混ぜる。

❸ 常温に8時間〜1日おいて熟成させ、その後は冷蔵室で保存する。

麹納豆を
使って

麹納豆チップス

［材料 作りやすい分量］

麹納豆（P.114参照）… 大さじ5
餃子の皮 … 5枚

［作り方］

❶ 餃子の皮に麹納豆を等分にのせ、薄くのばす。

❷ ①をオーブントースターで2～3分焼く。

おのメモ

餃子の皮のパリパリ感と、焼けた麹のほんのりとした甘さがクセになります。ピザ用チーズをのせたり、麹納豆にマヨネーズを混ぜたりして焼いてもおいしいです。

作れる！麹の郷土料理② するめの麹漬け 鳥取県

鳥取県の名物といえば、砂丘で栽培されるらっきょうが有名ですが、晩夏から秋にかけてとれるするめいかも有名で、知り合いの鳥取県民はみんないかが大好きです。干したするめいかを麹、みりん、酒、しょうゆに漬けた「するめの麹漬け」は、いかが持つうまみのポテンシャルを最大限に引き出した逸品。いかがふっくらとやわらかくてうまみが凝縮されています。私はこれを作りやすくアレンジしてみました。店でおいしそうなするめいかを見かけたら、半分はあぶって食べ、残りは麹漬けにしてみてはいかがでしょうか？

自己流「するめの麹漬け」の作り方

保存期間：冷蔵室で約1か月

［材料 作りやすい分量］

干しするめいか … 2～3枚（約100g）

麹 … 100g（※）

ぬるま湯（50～60℃）… 100～150ml

Ⓐ しょうゆ … 100ml
　 酒 … 100ml
　 みりん … 大さじ1

［作り方］

❶ 麹は手でほぐして耐熱性の保存容器に入れ、ぬるま湯を注いで蓋をし、タオルや毛布でくるみ、3～5時間保温して戻す。

❷ Ⓐの酒とみりんは耐熱容器に入れて電子レンジで20～30秒加熱し、冷めたらしょうゆを混ぜる。

❸ 干しするめいかはキッチンばさみで2～3mm幅に切る。足も3cm長さに切る。

❹ ジッパーつき保存袋に②、①、③を入れ、袋ごともんでなじませる。空気を抜いて口を閉じ、冷蔵室で1週間以上漬ける。

※1週間で食べられますが、2～3週間たつと発酵が進み、するめがとろりとしてきてうまみが増します。するめのうまみがしみ込んだ麹もまたおいしいです。

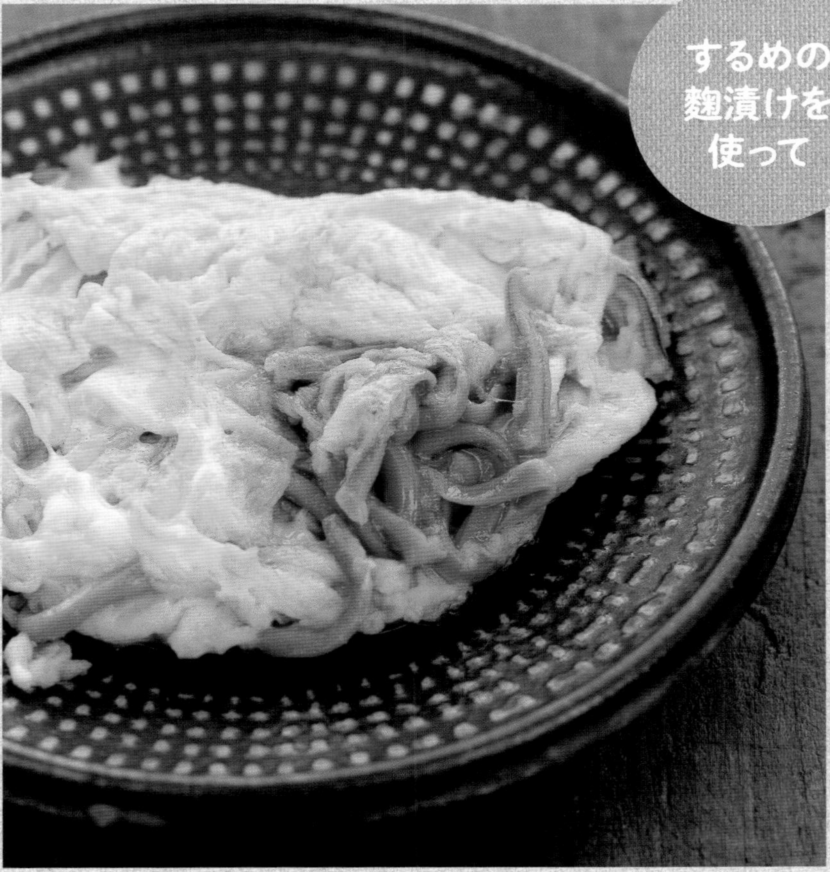

麹するめの卵焼き

［材料２人分］

するめの麹漬け（P.116参照）… 50g
卵 … 2個
油 … 少々

［作り方］

❶ ボウルに卵を割りほぐし、するめいかの麹漬けを加えて混ぜる。

❷ フライパンを中火で熱して油を引き、①を流し入れて半熟まで火を通す。

おのメモ

ほろ酔いでも作れる、我が家の定番おつまみです。塩辛に似たするめの麹漬けのおかげで、卵焼きがお酒に合う渋〜い味に。

味噌づくりをきっかけに発酵に目覚めたので、10年前は塩麹、味噌、甘酒、酒粕などの麹食品に夢中になっていました。

そのうち、冷蔵室で長く保存していた塩麹漬けや甘酒が乳酸菌のはたらきでヨーグルトのような酸味が出てきたり、大好きなお酒には酵母菌が関わっていることなどを知り、どんどんほかの菌にも夢中になって、今では多彩な菌とともに暮らしています。

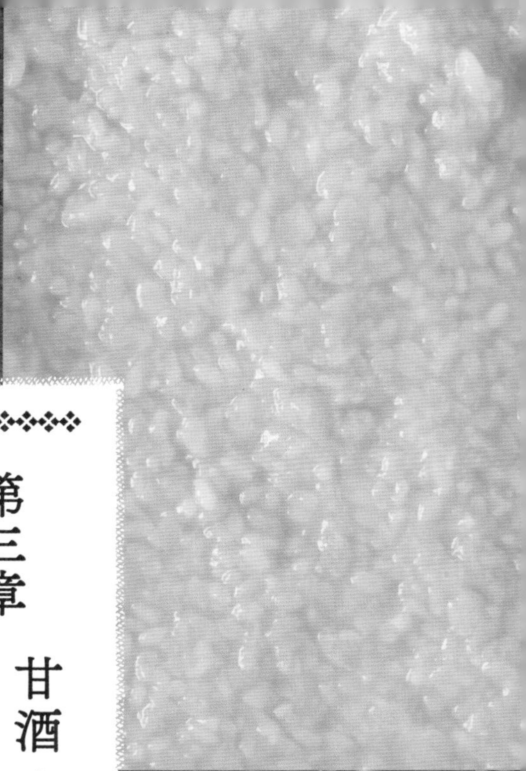
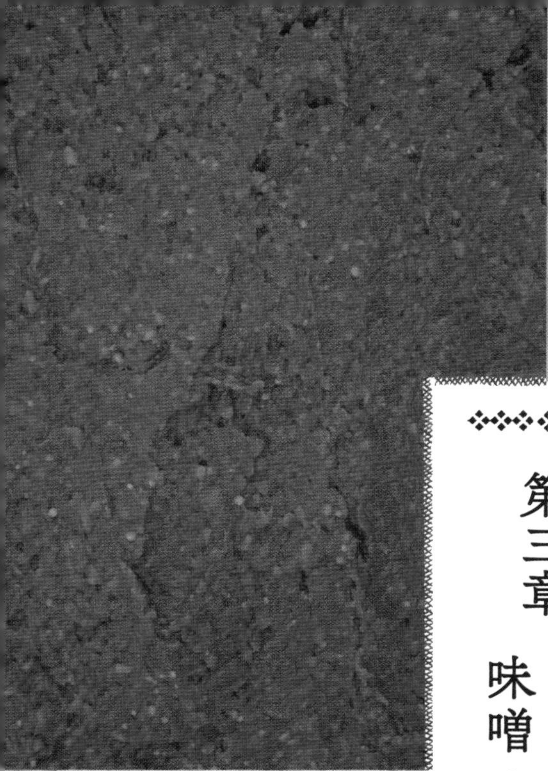

第三章 甘酒・しょうゆ麹 味噌・酒粕のレシピ

甘酒って何？

おかゆと麹を混ぜ、60℃で8～10時間置いておくと、麹のアミラーゼという酵素が、ご飯のデンプンを分解してブドウ糖をつくり、甘い甘酒になります。「酒」とついていますが、アルコールは含まれていません。

甘酒にはブドウ糖が20％以上も含まれており、天然の「総合ビタミンドリンク剤」といわれるほど、必須アミノ酸やビタミン群が豊富。エアコンや扇風機がなかった江戸時代の夏はとても暑く、高齢者や体力のない人たちは夏を越すことができなかったそう。そこで体力回復に即効性のある甘酒が夏によく飲まれていました。確かに朝、甘酒を飲んでいると、仕事がはかどるような気がします。

甘酒は飲んでもおいしいですが、料理の砂糖やみりん代わりにも使います。ラタトゥイユは甘酒と塩だけで味つけすると、トマトの酸味がやわらぎ、おいしくなります。

甘酒の作り方

炊飯器の「おかゆモード」と「保温機能」を使った簡単なレシピです。

［材料（作りやすい分量・仕上がり約850g）］

米 … 1合（150g）
麹（乾燥麹）… 200g
水 … 500ml

作り方

1
米を洗い、浸水させる

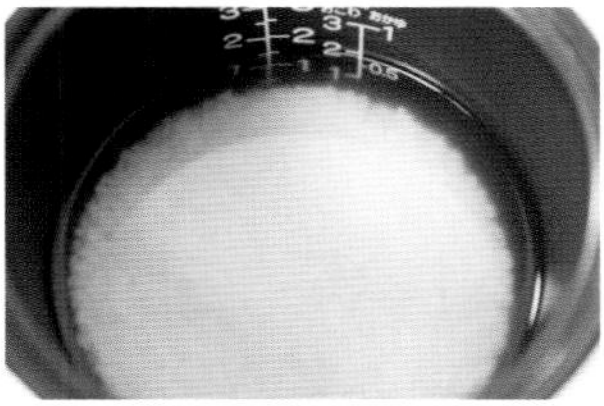

米は洗って炊飯器の内釜に入れ、水300mlを注いで1時間ほど浸水させる。米が水を吸って白くなればOK。

2
おかゆを炊く

炊飯器の「おかゆモード」でおかゆを炊く。おかゆモードがない場合は、土鍋などで炊いてもOK。

3
麹をほぐす

大きめのボウルに麹を入れ、手で握って粒状になるまでよくほぐす。

4
おかゆに水を注ぐ

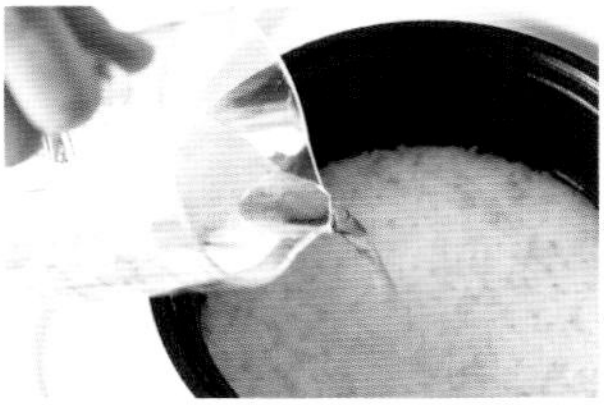

おかゆが炊き上がったら、保温のままの状態で水200mlを注いで全体を混ぜる。これで、おかゆが麹の発酵に適した温度まで下がる。

5
麹を加える

ほぐした麹を手早く加える。

発酵に便利！
ヨーグルトメーカーで甘酒作り

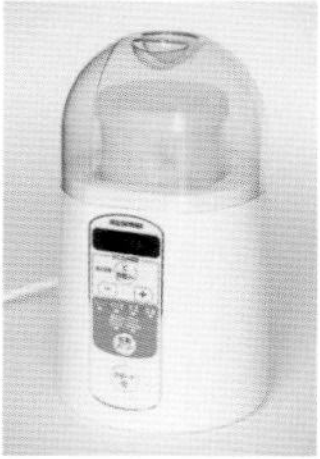

おかゆに水と麹を混ぜたら、ヨーグルトメーカーに入れて60℃に設定し、8～10時間かけて発酵させます。ヨーグルトメーカーは温度と時間が設定できるので、放っておいても（忘れてしまっても!）ちゃんとできるので便利です（材料の分量や温度、保温時間は、メーカーの取扱説明書の指示に従ってください）。

甘酒の保存

保存場所

完成した甘酒は清潔な蓋つきの保存容器に入れた状態で、冷蔵室で保存しましょう。長期保存する場合は冷凍も可能です。

保存期間

甘酒は冷蔵室で2週間ほど保存できます（冷凍の場合は1か月ほど）。

6
よく混ぜる

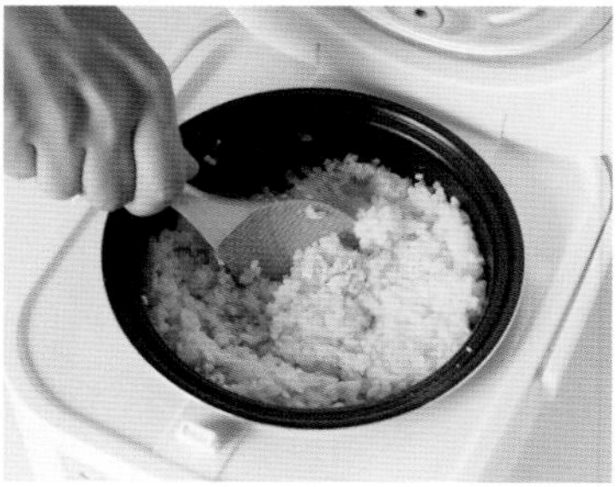

水を加えたおかゆと麹をムラなくしっかり混ぜる。全体の温度が下がりすぎないよう、手早く！

7
布巾をかぶせて発酵させる

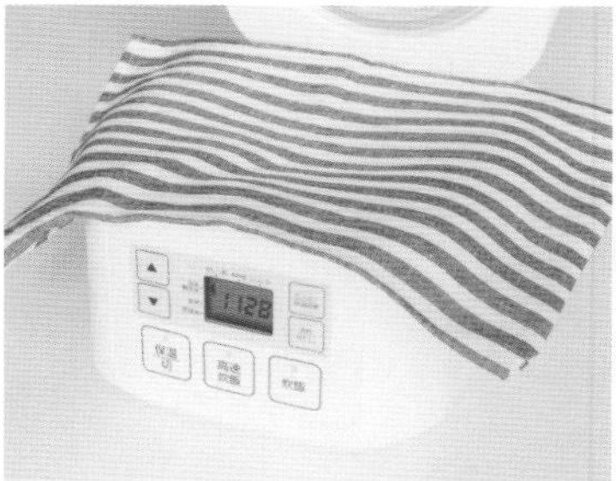

炊飯器の蓋を開けたまま、乾いた布巾をかぶせ、保温のまま8～10時間置いて発酵させる。途中、3時間おきに混ぜ、温度を均一に保つ。

甘酒ドリンク

でき上がった甘酒は、とろりとしていてそのままでは飲みにくいので、水や牛乳、豆乳などで割るとおいしく飲めます。割合はお好みでよいですが、私は2倍に薄めて飲んでいます。ここで紹介する3つのドリンクも、甘酒と材料を1：2の割合で作るとよいでしょう。

トマト甘酒

トマトジュース（濃厚すぎないタイプ）で割って飲むと、フルーツトマトのような味わいに！

ヨーグルト甘酒

無糖ヨーグルトに甘酒をかけて食べてもよいですが、水や炭酸水適量で割って飲んでもおいしい。

ブルーベリー甘酒

ブルーベリー（冷凍でもOK）と甘酒をミキサーにかける。牛乳、豆乳、炭酸水など適量で割って飲む。

※ミキサーにかけたものは、冷凍室で保存しておくと便利。完全に凍らないので、スプーンですくって飲みたいときに必要な分だけさくっと取り出せる。いちごやバナナでもおいしい。

即席甘酢漬け

［材料２人分］

キャベツ … 1/8個（125g）
にんじん … 1/3本

Ⓐ
塩 … 小さじ1/2（野菜の重さの2%）
甘酒 … 大さじ2
酢 … 大さじ1

［作り方］

❶ キャベツはひと口大に切る。にんじんは皮をむいて縦半分に切り、薄切りにする。

❷ ①をジッパーつき保存袋に入れ、Ⓐをよく混ぜて加え、袋ごともんで味をなじませる。空気を抜いて口を閉じ、冷蔵庫で30分以上漬ける。

おのメモ

砂糖ではなく甘酒を使うので、まろやかな甘みとうまみが楽しめます。もっと甘めの味が好きなら甘酒を適宜増やしてください。時間がたって酸味が増してもおいしいです。

甘酒棒々鶏《バンバンジー》

［材料２人分］

塩麹蒸し鶏（鶏もも肉・P.99参照）… 1枚分
きゅうり … 1/2本

Ⓐ
甘酒 … 大さじ1
練り白ごま … 小さじ2（10g）
しょうゆ … 小さじ1 1/2
酢 … 小さじ1
豆板醤 … 適量

［作り方］

❶ 塩麹蒸し鶏は1cm幅に切る。きゅうりはピーラーで縞状に皮をむき、せん切りにする。

❷ Ⓐはよく混ぜる。

❸ 器に①を盛り、②をかける。

おのメモ

練りごまがなければ、すりごま大さじ1で代用できます。

ブロッコリーとゆで卵の甘酒ドレッシング

［材料２人分］

ブロッコリー … ½株
ゆで卵 … ２個

Ⓐ
- 甘酒 … 大さじ２
- 粒マスタード … 大さじ１
- オリーブ油 … 大さじ１
- 塩 … 小さじ⅓

［作り方］

❶ ブロッコリーは小房に分け、塩少々（分量外）を入れた熱湯で２分ほどゆで、水気をきる。ゆで卵は殻をむいて半分に切る。

❷ Ⓐはよく混ぜる。

❸ 器に①を盛り、②を回しかける。

おのメモ

甘酒ドレッシングは万能調味料。白身魚やサーモンの刺し身をあえてもおいしいです。

梅甘酒のキャロットラペ

［材料 3〜4人分］

にんじん … 1本
ハム … 3〜4枚
Ⓐ 甘酒 … 大さじ1½
　梅肉 … 2個分
　オリーブ油 … 小さじ2
黒こしょう … 適量

［作り方］

❶ にんじんは皮をむいてせん切りにする。ハムもにんじんに合わせて細切りにする。

❷ ボウルにⒶを入れてよく混ぜ、①をあえる。

❸ 器に盛り、黒こしょうをふる。

おのメモ

甘酒の甘みと梅干しの酸味で、にんじんがモリモリ食べられます。

じゃがいもの甘酒味噌あえ

［材料２人分］

じゃがいも … ２個
甘酒 … 大さじ１
味噌 … 大さじ１

［作り方］

❶ じゃがいもは皮をむいてひと口大に切る。鍋に入れてかぶるくらいの水を注ぎ、やわらかくなるまでゆで、水気をきる（電子レンジで加熱してもよい）。

❷ ボウルに甘酒と味噌を入れて混ぜ、①をあえる。

ささ身と小松菜の甘酒マヨあえ

［材料２人分］

鶏ささ身 … ２本（100g）
小松菜 … ２株
酒 … 大さじ１

Ⓐ
甘酒 … 大さじ１
マヨネーズ … 大さじ２
すり白ごま … 少々

［作り方］

❶ ささ身を耐熱皿に並べて酒をふり、ラップをふんわりとかけて電子レンジで１分加熱する。上下を返してさらに30秒加熱し、そのまま冷ます。

❷ 小松菜は塩少々（分量外）を入れた熱湯でさっとゆで、水気を軽く絞って食べやすい長さに切る。

❸ ボウルにⒶを入れて混ぜる。ささ身を手で細かく裂いて加え、小松菜も加えてあえる。

おのメモ

＊甘酒とマヨネーズで優しい味のたれになります。箸休めやお酒のおつまみに。
＊ささ身の蒸し汁にはうまみがあるので、捨てずにスープなどに使うとよいでしょう。

ごまといちじくの甘酒アイス

［材料２人分］

甘酒 … 70ml
絹ごし豆腐 … ⅓丁（100g）
ドライいちじく … 40g
練り白ごま … 小さじ１弱
酒粕 … 大さじ１
塩 … ひとつまみ

［作り方］

❶ ドライいちじくは小さく刻む。

❷ いちじく以外の材料をフードプロセッサーにかけてペースト状にする。いちじくを加えて軽く混ぜ、容器に入れて冷凍室で冷やし固める（途中で一度取り出して混ぜる）。

おのメモ

＊乳製品を使わなくても、酒粕と練りごまが濃厚さを出してくれます。低カロリーでうれしいデザートです!
＊甘さが足りないときは、はちみつ小さじ１～２を加えてください。

甘酒ヨーグルトゼリー

［材料２人分］

豆乳（成分無調整）… 250ml
ヨーグルト（無糖）… 50ml
粉ゼラチン … 5g
水 … 大さじ2
甘酒 … 100～150ml
ピーナッツ（砕いたもの）… 15g
くこの実 … 適量

［作り方］

❶ 粉ゼラチンは分量の水にふり入れて混ぜ、10分ほどおいてふやかす。

❷ 鍋に豆乳を入れて60℃程度に温め（沸騰させない）、火からおろして①のゼラチンを加え、混ぜながら溶かす。

❸ ②にヨーグルトを加えて混ぜ、清潔な容器に入れて粗熱を取り、冷蔵室に入れて冷やし固める。

❹ スプーンなどですくって器に盛り、甘酒をかけ、ピーナッツ、くこの実を添える。

おのメモ

甘さひかえめ、豆花（トウファ）風のヘルシーデザートです。塩を少しふっても、ひと味違ったおいしさに。

しょうゆ麹って何？

日本の食生活に欠かせないしょうゆは、蒸し大豆と炒った小麦の麹、塩水が原料。甘み、塩味、酸味、苦み、うまみの五大要素が含まれていて、それだけでもおいしいのに、しょうゆ麹はさらに麹で甘みやうまみを足すのですから、おいしくなるに決まっています。

冷ややっこや卵かけご飯など、しょうゆを使う料理ならなんでもおいしくなりますが、我が家ではしょうゆ麹ともうひとつ、刻んだしょうががとにんにくを入れた「スタミナしょうゆ麹」を常備しています。かつおのたたきにかけるのが特におすすめです。

塩麹と同じく手作りのものは、ご飯やじゃがいもなど、デンプンの多い食材と合わせたまま長時間おくと、麹の酵素がデンプンを分解し始め、食材が水っぽくなってしまいます。調理したら早めに食べるか、しょうゆ麹を加熱して発酵を止めることで防げます。

しょうゆ麹の作り方

麹としょうゆを混ぜるだけ。拍子抜けするほど（！）簡単なレシピです。

［材料（作りやすい分量・仕上がり約200ml）］

麹（乾燥麹）… 50g（½カップ強）

しょうゆ … 150ml

作り方

1
麹をほぐし、しょうゆを注ぐ

ボウルに麹を入れ、手で握って粒状になるまでよくほぐす。清潔な保存容器に入れ、しょうゆを注ぐ。

2
よく混ぜる

麹としょうゆがなじむまで、ムラなく混ぜる。蓋をして室温におき、1日1回程度混ぜる。麹の粒がやわらかくなったら使い始める。

しょうゆ麹の保存

保存場所

完成したしょうゆ麹は蓋をして冷蔵室で保存しましょう。保存容器の蓋に完成した日付を記入しておくと便利です。

保存期間

しょうゆ麹は冷蔵室で3か月ほど保存できます。

しょうゆ麹のおいしい使い方

右ページでも紹介したように、しょうゆ麹に香味野菜を刻んで加えた「スタミナしょうゆ麹」もおすすめ。138ページの「にらつくね」に使ってもおいしいです。

しょうゆ麹レシピ

缶単! オイルサーディン

［材料２人分］

オイルサーディン缶 … １缶（100g）
しょうゆ麹 … 小さじ２
にんにく … ½片

イタリアンパセリとともにパンにのせてもおいしい。
レモンをぎゅっと搾っても。

［作り方］

❶ にんにくは薄切りにする。

❷ オイルサーディン缶を開け、にんにくとしょうゆ麹をのせ、オーブントースターで５～６分焼く。

しょうゆ麹味たま

［材料２人分］

ゆで卵 … 3個

Ⓐ しょうゆ麹 … 大さじ1 ½
　 酢 … 大さじ1

［作り方］

❶ ゆで卵は殻をむき、ジッパーつき保存袋にⒶとともに入れ、空気を抜いて口を閉じ、冷蔵室でひと晩漬ける。

漬け汁をゆで卵になじませるようにして漬ける。

おのメモ

ひと晩でもじゅうぶんおいしいのですが、1週間ほど漬けると、ゆで卵の塩麹漬け（P.106）と同じようにチーズのような酸味が出てきて、お酒のおつまみにぴったりです。

アボカド豆腐

［材料２人分］

アボカド … 1個
木綿豆腐 … ½丁
Ⓐ しょうゆ麹 … 大さじ1
　 ごま油 … 小さじ2
きざみのり … 適量

［作り方］

❶ 豆腐は水気をきり、スプーンで丸くすくう。アボカドは半分に切って種を取り除き、豆腐と同じように果肉をすくい、豆腐とともにボウルに入れる（アボカドの皮は残しておく）。

❷ ①のボウルにⒶを加えてあえる。

❸ アボカドの皮に②を盛り、きざみのりをかける。

おのメモ

しょうゆであえてもおいしいですが、しょうゆ麹のほうが麹由来のうまみが加わり、満足感が増します。

焼きエリンギ　しょうゆ麹風味

［材料1～2人分］

エリンギ … 1パック（100g）
しょうゆ麹 … 小さじ2弱
バター … 小さじ1（4g）
油 … 適量
万能ねぎの小口切り … 適量

［作り方］

❶ エリンギは2cm幅の輪切りにする。
❷ フライパンを中火で熱して油を引き、エリンギを並べて両面をこんがりと焼く。
❸ バターを加え、しょうゆ麹を回しかける。
❹ 器に盛り、万能ねぎを散らす。

おのメモ

しょうゆ麹で香ばしい仕上がりに。エリンギを輪切りにすると、
なぜか帆立のような食感になるから不思議です！

しょうゆ麹にらつくね

［材料６本分］

にら … ½束（50g）

Ⓐ
- 豚ひき肉 … 250g
- しょうゆ麹 … 大さじ1
- 片栗粉 … 大さじ1
- しょうがのすりおろし … 少々

油 … 適量

貝割れ菜 … ½パック

あればアイス用の棒

［作り方］

❶ にらは3〜5㎜長さに切る。貝割れ菜は根元を切り落とす。

❷ ボウルにⒶとにらを入れ、粘りが出るまでよく混ぜる。6等分して小判形に丸め、あればアイス用の棒を刺す。

❸ フライパンを中火で熱して油を引き、②を並べる。焼き色がついたら裏返して蓋をし、弱火にして4〜5分焼き、蓋を取って水分を飛ばす。

❹ 器に貝割れ菜を敷き、③を盛る。

おのメモ

アイス用の棒がなければそのまま焼いてもOK。にらの代わりにもやしやえのきたけなどを混ぜてもおいしいです。好みでマヨネーズと一味唐辛子を添えてもよいでしょう。

蓋をして蒸し焼きにすることで、つくねがふっくらジューシーに焼き上がる。

しょうゆ麹のよだれ鶏

［材料２人分］

塩麹蒸し鶏（鶏むね肉・P.99参照）… １枚分

Ⓐ
- しょうゆ麹 … 大さじ１ ½
- 酢 … 大さじ１
- ねぎの粗みじん切り … ½本分
- ラー油（またはごま油）… 小さじ１
- にんにくのすりおろし … １片分
- しょうがのすりおろし … １片分

［作り方］

❶ 塩麹蒸し鶏は5㎜～１㎝幅に切り、器に盛る。

❷ Ⓐをよく混ぜ、①にかける。

なすのしょうゆ麹カレー炒め

［材料 2～3人分］

なす … 3本
鶏ひき肉（あればむね肉）… 100g
青じそ … 5枚

Ⓐ
- しょうゆ麹 … 大さじ1
- 酒 … 大さじ1
- カレー粉 … 小さじ⅓

油 … 適量
しょうゆ麹 … 小さじ2

［作り方］

❶ ボウルに鶏ひき肉とⒶを入れてもみ込む。

❷ なすはへたを切り落とし、ピーラーで縞状に皮をむいて食べやすい大きさに切る。水にさらして水気をきる。青じそは3cm大にちぎる。

❸ フライパンを中火で熱して油を引き、①の鶏ひき肉をかたまりが残る程度に炒め、皿などにあける。

❹ ③のフライパンに少し油を足してなすを炒め、しんなりしてきたらしょうゆ麹を加えて③を戻し入れ、炒め合わせる。青じそを加え、ざっくり混ぜる。

おのメモ

辛い味が好みなら、一味唐辛子をふってください。
我が家ではホットサンドの具にすることも。

台湾風カツ

［材料２人分］

豚ロース肉（とんかつ用）… ２枚
片栗粉 … 大さじ2

Ⓐ
- しょうゆ麹 … 大さじ１½
- 酒 … 大さじ１½
- あれば五香粉 … 小さじ⅓

油 … 適量
キャベツのせん切り … 適量

［作り方］

❶ 豚肉は筋切りをし、麺棒などでたたいて薄くのばし、両面に片栗粉をまぶす。

❷ フライパンを中火で熱して油を引き、①を入れて両面に焼き色がつくまで焼く。

❸ Ⓐを混ぜて②に加え、全体にとろみがつくまで焼く。

❹ 食べやすい大きさに切り、キャベツとともに器に盛る。

おのメモ

五香粉（ウーシャンフェン）とは、八角や花椒などを使った中華のミックススパイス。これを加えるだけで一気に台湾風の一品になりますが、なくてもおいしく仕上がります。ロース肉はできるだけ厚めのものを選ぶと、ジューシーなカツができます。

台湾を旅行したときに買ってきた「台鐵便當」の弁当箱。これにご飯を詰め、台湾風カツ、しょうゆ麹味たま（P.135）、即席甘酢漬け（P.124）をのせれば、鉄道弁当風の一品が完成!

味噌の作り方

味噌は買ってくるものだと思っていませんか。いざ、自分で作ってみると、とても楽しく、おいしいんです。自分で作る味噌＝手前味噌は、市販品のように加熱殺菌しないので、麹の作用で発酵・熟成していくのが色、味、香りで分かります。若い味噌の初々しいおいしさと、熟成した味噌の骨太なおいしさ。その両方を味わえるのも、手前味噌の醍醐味だと思います。

味噌の作り方 基本編

麹を大豆の2倍量加えて作るレシピです。塩味が強すぎない甘めの味噌なので、生野菜のディップにも使えます。

［材料 作りやすい分量］

大豆 … 500g
麹（生麹でも乾燥麹でも可）… 1kg
塩 … 300g
焼酎（アルコール度数35度以上のもの）… 適量

1
大豆を水に浸す

大豆はよく洗って大きめのボウルなどに入れ、水1500mlを注いで浸し、夏は約8時間、冬は約12時間おく。

2
大豆を煮る

大豆はざるで水をきり、大きめの鍋に入れる。たっぷりの水を注いで強火にかけ、煮立ったら弱火にし、泡のように出てくるあくや薄皮を取り除く。

3
煮上がりの確認

ときどき底からかき混ぜ、吹きこぼれそうになったら差し水をしながら、4～5時間煮る。大豆を指で軽く押してみて、つぶれれば煮上がったサイン。

＊圧力鍋を使う場合、あくを取ったあとに蓋をして30～40分煮、煮上がったあとに薄皮を取ります。

4
大豆をつぶす

大豆をざるに上げ、煮汁を取っておく（生麹は240ml、乾燥麹は260ml）。ジッパーつき保存袋に入れて口を閉じ、麺棒などでたたいて粒が残らない程度につぶす。煮汁と大豆を人肌まで冷ます。

5

麹・塩・大豆を混ぜる

大きめのボウルに麹を入れて手で細かくほぐし、塩と混ぜ合わせる（塩切り）。④の大豆を加えてムラがないように手でよく混ぜる。全体が混ざったら、煮汁を少しずつ加えながら、耳たぶくらい（指と指の間から大豆がぐにゃっとはみ出すくらい）のかたさになるまでよく混ぜる。

6

容器に詰める

⑤を適量手に取り、空気を抜きながらソフトボール大に丸め、味噌団子を作る。保存容器の底と側面に焼酎を刷毛で薄く塗り、味噌団子を詰めていく。こぶしで上から押さえて空気を抜きながらすき間なく詰め、全部詰めたら表面を平らにし、焼酎を刷毛で塗る。表面が空気に触れないよう、ラップをぴったりとかけ、皿などをのせて重しにする。

＊保存容器はホウロウ、陶器、木製やプラスチック製の樽など、なるべく光を通さないものを。私は野田琺瑯のラウンドストッカー（直径18 cmのもの）を使っています。

7

熟成させる

⑥の1か月後、2か月後に、いったんボウルに移して全体をよく混ぜる。保存容器に戻すときは空気が入らないようにすき間なく詰め、冷暗所で熟成させる。

◎熟成期間◎
暑い時期… 2～4か月
寒い時期… 3～8か月

味噌の保存

保存場所

完成した味噌は保存容器に入れた状態で、直射日光の当たらない涼しい場所で保存しましょう。

保存のコツ

味噌の表面にカビが生えないよう、刷毛で焼酎を塗り（ⓐ）、ラップをぴったりとかけ、重しをして保存します。当面使う分は、清潔な蓋つきの保存容器に取り分けて（ⓑ）、冷蔵室で保存を。

保存期間

味噌は直射日光の当たらないところで1年ほど保存できます。発酵が進むと風味や色が変化するので、早めに使いきるとよいでしょう。

3
大豆をつぶす

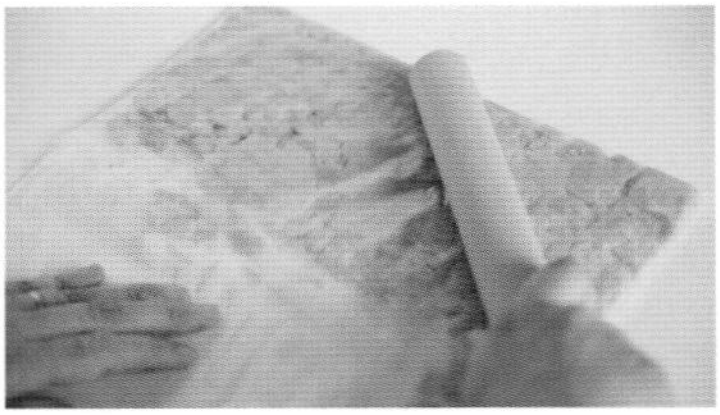

大きめのジッパーつき保存袋に大豆を入れて口を閉じ、麺棒などでたたいて粒が残らない程度につぶす。少しなら粒が残っていてもOK。

4
麹を加えてもむ

大豆がお風呂くらいの温度まで下がったら②の塩切り麹を加え、袋の上から５分ほどもむ。

5
煮汁を加えてもむ

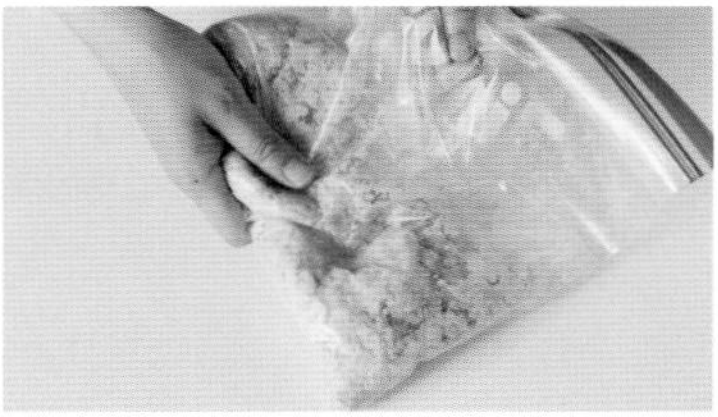

分量の大豆の煮汁を加え、さらに５分ほどもむ（作り方４で市販の味噌と同じくらい大豆がやわらかければ、煮汁を入れなくてもよい）。

味噌の作り方 お手軽編

市販の水煮大豆を使ったレシピ。大豆を浸水させたり、長時間煮たりする手間が省けます。

［材料 作りやすい分量］

水煮大豆（食塩無添加）… 250g
麹（乾燥麹）… 100g
塩 … 50g
大豆の煮汁 … 大さじ１～２

1
水煮大豆を煮る

水煮大豆を鍋に入れ、ひたひたの水（約200ml）を注ぎ、中火にかける。沸騰したら弱火にし、5～10分煮る。大豆を指で軽く押してみて、簡単につぶれるまで煮えたら、ざるに上げて大豆と煮汁に分ける。

2
麹と塩を混ぜる

ボウルに麹を入れ、手で握って粒状になるまでよくほぐす。塩を加えてよく混ぜる（塩切り）。

味噌づくりがすべての始まりでした
味噌が家で作れると聞いて仕込んでみた
ジッパー付保存袋
真夏だったので袋がパンパンにふくらみ
すぐ発酵する
ぱっつん ぱっつん
※一般的には冬に仕込みます
空気を抜くと…
ばふんっ
めっちゃいい香り!!
そしてまたふくらみ…
ぱっつん ぱっつん
麹って生きてる??
おもしろすぎる〜

※味噌を熟成させるときは
空気に触れないようにしてくださいね。

麹にハマったのは味噌作りがきっかけ。大豆の色が変わっていく様子を目で見て、発酵中の香りを鼻で嗅ぎ、味噌がやわらかくなっていくのを手で確認し、おいしくなっていくのを舌で味わい、「菌が生きている」ことを体で感じて感動しました。今でも菌をペットのように想い、生きていることを確認しては喜んでいます。

熟成のさせ方

すりこ木などを袋の上から転がして、袋の中の空気を抜きながら全体を薄く平らにし、口を閉じる。仕込んだ日付を記入し、冷暗所で保存する。暑い時期は2〜3か月、寒い時期は3〜4か月の熟成で食べられるようになる。

空気を(ガス)抜く
ちょっと開けて

気温が高いと発酵が進んでガスが発生し、袋がふくらんできます。空気に触れるとカビが生えやすくなるので、暑い時期なら週に1〜2回、寒い時期なら月に1回程度様子を見て、袋がふくらんでいたら空気（ガス）を抜きましょう。

お手軽味噌の保存

袋のままでもいいけど容器に移した方が使いやすいです

保存場所

完成した味噌は清潔な蓋つきの保存容器に移して冷蔵室で保存しましょう。

保存期間

冷蔵室で1年ほど保存できます。

カレー風味のコールスローサラダ

［材料２人分］

キャベツ … ¼個

Ⓐ
- 味噌 … 大さじ１½
- カレー粉 … 小さじ½弱
- オリーブ油 … 小さじ１
- 白炒りごま … 小さじ１

コーン缶 … 60g

［作り方］

❶ キャベツは3mm幅のせん切りにする。

❷ ジッパーつき保存袋にⒶを入れてよく混ぜ、①を加えてざっと混ぜ、キャベツがしんなりするまで袋ごとよくもむ。

❸ コーンは缶汁の水気をきって②とあえる。

おのメモ

手でもみもみしていると、キャベツがしっとりしてやわらかくなっていきます。スパイシーな味ですが、味噌が全体をまろやかにまとめてくれるのです。

きゅうりの味噌ヨーグルト漬け

［材料 作りやすい分量］

きゅうり … 3本
味噌 … 大さじ1
ヨーグルト（無糖） … 大さじ1

［作り方］

❶ きゅうりは塩（分量外）をまぶして板ずりし、ペーパータオルで包んですりこ木などで軽くたたき、食べやすい大きさに割る。

❷ ジッパーつき保存袋に味噌とヨーグルトを入れて混ぜ、①を加えて袋ごとよくもむ。空気を抜いて口を閉じ、冷蔵室でひと晩漬ける。

鶏ささ身とわけぎのぬた

［材料２人分］

鶏ささ身 … ２本（100g）
酒 … 少々
わけぎ … ６～８本
Ⓐ
味噌 … 大さじ１
みりん … 大さじ１
酢 … 小さじ１
練り辛子 … 小さじ½

［作り方］

❶ ささ身は耐熱容器に入れて酒をふりかけ、ラップをかけて電子レンジで１分加熱する。ささ身の上下を返してさらに30秒加熱し、ラップをしたまま冷まし、食べやすい大きさに手で裂く。

❷ わけぎは4cm長さに切り、さっとゆでて水気をきる。

❸ Ⓐをよく混ぜ、ささ身とわけぎをあえる。

えのきの鶏味噌あえ

［材料２人分］

鶏ひき肉（むね肉がおすすめ）… 100g
しょうがのすりおろし … 1片分
酒 … 大さじ½
Ⓐ
- 味噌 … 大さじ3
- 砂糖 … 大さじ1
- みりん … 大さじ½

えのきたけ … 2袋（200g）

［作り方］

❶ 鶏ひき肉はしょうが、酒をもみ込む。Ⓐは混ぜ合わせる。えのきたけは石づきを切り落とし、長さを半分に切る。

❷ 鍋を弱めの中火にかけてひき肉を炒りつけ、色が変わったらⒶを加えてとろりとするまで練り混ぜる。

❸ えのきたけを加え、しんなりするまで炒め合わせる。

おのメモ

さっとゆでたしらたきを加えて作ることもあります。作り方❷までが「鶏味噌」です。これを多めに作っておけば、卵焼きの具に加えたり、ご飯やうどんにのっけたりといろいろ使えます。

なめ味噌二種

［材料 作りやすい分量］

くるみ味噌（写真上）

くるみ … 50g
味噌 … 大さじ3
砂糖 … 大さじ2
みりん … 大さじ1
酒 … 大さじ1

香菜味噌（写真下）

香菜 … 2束
味噌 … 大さじ2
みりん … 大さじ2
オリーブ油 … 小さじ½

［作り方］

くるみ味噌

❶ くるみはフライパンで香りよくから炒りし、粗く刻む。

❷ くるみ以外の材料を鍋に入れてよく混ぜ、中火にかけてへらなどでとろりとするまで練り混ぜる。鍋を火からおろし、くるみを加えてよく混ぜる。

香菜味噌

❶ 香菜は粗く刻む。

❷ 香菜以外の材料を鍋に入れてよく混ぜ、中火にかけてへらなどで練り混ぜる（ⓐ）。ふつふつと沸騰したら香菜を加えてさらに練り混ぜる（ⓑ）。全体がもったりしてきたら火を止める。

刻んだ香菜を加えたら、しんなりして味噌になじむまでよく練り混ぜる。

香菜味噌は、まず、味噌、みりん、オリーブ油を鍋に入れて火にかけ、焦げないように全体をたえず混ぜる。

蒸し野菜と二種類の味噌だれ添え

［材料２人分］

かぶ … １～２個
さつまいも … ½本
ブロッコリー … ½株

ごましょうが味噌だれ（写真上）

味噌 … 大さじ１
練り白ごま … 小さじ１
しょうがのすりおろし … １片分

ママ味噌だれ（写真下）

味噌 … 大さじ１
マヨネーズ … 小さじ２
粒マスタード … 小さじ１

［作り方］

❶ 味噌だれは、それぞれ材料を混ぜ合わせる。

❷ かぶはくし形に切る。さつまいもは食べやすい大きさに切り、ブロッコリーは小房に分ける。

❸ 蒸気の上がった蒸し器にさつまいもを入れ、強火で５分蒸したら、かぶとブロッコリーも加えてさらに５分蒸す。味噌だれをつけて食べる。

おのメモ

味噌大さじ1、はちみつ大さじ1、レモン汁¼個分を混ぜた「はちみつレモン味噌」もさわやかでおいしいです。

こんにゃくと焼き豆腐の味噌田楽

［材料２人分］

こんにゃく … ½枚
焼き豆腐 … ½丁

Ⓐ
- 味噌 … 大さじ1
- ごま油 … 小さじ½
- しょうがのすりおろし … 1片分

［作り方］

❶ こんにゃくと焼き豆腐はさっとゆでて水気をきり、厚みを半分に切る。こんにゃくは9等分、焼き豆腐は6等分に切り、交互に串に刺す。

❷ Ⓐをよく混ぜて①に塗り、オーブントースターで4～5分焼く。

おのメモ

こんにゃくと焼き豆腐を交互に食べられるようにしてみました。串に刺す作業は意外と楽しいもの。おつまみっぽくなります。

味噌漬け三種

［材料 作りやすい分量］

しょうがの味噌漬け

しょうが … 1パック（150g）
味噌 … 大さじ5（75g）

ごぼうの味噌漬け

ごぼう … 1本
味噌 … 大さじ5（75g）

ゆずの皮の味噌漬け

ゆず皮 … 2〜3個分
味噌 … 大さじ10（150g）

［作り方］

❶ しょうがはたわしなどでよく洗って水気を拭き、厚みを半分に切る。ごぼうはたわしや包丁の背で皮をこそげて長さを4〜5等分に切り、熱湯で2〜3分ゆで、ざるに上げて水気をきる。ゆず皮はよく洗って水気をきり、4等分に切る。

❷ ジッパーつき保存袋を3枚用意し、内側に味噌を少し塗ってしょうが、ごぼう、ゆず皮をそれぞれ入れ、さらに味噌を塗り、同様に具を重ねる。これを繰り返す。空気を抜いて口を閉じ、冷蔵室で1か月以上漬ける。

❸ ②はそれぞれ味噌をぬぐい、しょうがは薄切り、ごぼうは短冊切り、ゆず皮は細切りにし、器に盛る。

味噌肉豆腐

［材料 2人分］

焼き豆腐 … 1丁
牛切り落とし肉 … 150g
玉ねぎ … ½個
しょうが … 1片

Ⓐ
味噌 … 大さじ1 ½
水 … 50ml
みりん … 大さじ2
塩麹 … 大さじ1

油 … 少々

［作り方］

❶ 焼き豆腐は6等分に切り、玉ねぎはくし形切り、しょうがはせん切りにする。Ⓐは混ぜ合わせる。

❷ 鍋を中火で熱して油を引き、しょうがを炒める。香りが出てきたら牛肉を加えて炒め、色が変わってきたら玉ねぎも加えて炒め合わせる。

❸ 玉ねぎがしんなりしてきたらⒶと焼き豆腐を加え、落とし蓋をして弱火で20分ほど煮る。

プチトマトといかの味噌煮

［材料 2 人分］

プチトマト … 1 パック
いか … 1 ぱい

Ⓐ
- 水 … 50ml
- 味噌 … 大さじ 1
- みりん … 小さじ 1

おのメモ

プチトマトの湯むきは少々手間がかかりますが、味がよくしみ込みます。いかがかたくならないよう、煮すぎには気をつけましょう。

［作り方］

❶ プチトマトはへたを取り、湯に 10 〜 20 秒浸して冷水に取り、皮をむく。

❷ いかは胴から足をわたごと引き抜き、軟骨を取り除く。足とわたを切り分け、くちばしを取り除き、足は食べやすい長さに切る。胴は中を洗って皮をむき、輪切りにする。

❸ いかのわたとⒶは混ぜ合わせる。

❹ ③を鍋に入れて中火にかけ、沸騰したら①と②を加え、いかの色が変わるまで煮る。

豚肉と大根の味噌角煮

［材料２人分］

豚バラかたまり肉 … 250g
大根 … ¼本
しょうが … １片
ねぎの青い部分 … １本分
水 … 200ml
酒 … 50ml
味噌 … 大さじ3
みりん … 50ml

味噌は煮はじめから加えると風味が飛ぶので、豚肉と大根がじゅうぶんに煮えてから加える。

［作り方］

❶ 豚肉は3cm幅に切る。大根は皮をむいて3cm幅に切っていちょう切りにする。

❷ 鍋に豚肉を入れて水をひたひたに注ぐ。しょうがとねぎの青い部分を加えて強火にかけ、沸騰してから5分ほどゆで、湯を捨てる。フライパンを強火で熱して豚肉に焼き色がつくまで両面を焼く。

❸ 鍋に分量の水、酒、豚肉、大根を入れて強火にかけ、沸騰したら蓋をして弱火で30分ほど煮る。

❹ 味噌とみりんを溶き入れて落とし蓋をし、30分ほど煮る。

じゃこ味噌おにぎり

［材料 4個分］

ご飯 … 茶碗2杯分
ちりめんじゃこ … 大さじ2
味噌 … 大さじ1
青じそ … 4枚

［作り方］

❶ おにぎりを4個にぎる。

❷ ちりめんじゃこと味噌を混ぜて4等分し、①の表面に塗って青じそで包む。

即席お味噌汁の素

［材料（約15杯分）と作り方］

❶ いりこ20gは頭と内臓を取り、手またはキッチンばさみで細かくするか、ミルなどで粉砕する。

❷ ①と味噌150g、酒粕50g、削り節1パック（3g）をよく混ぜる。大さじ1強をお椀に入れて熱湯適量で溶き、好みで乾燥わかめなどを加える。残りは冷蔵室で保存する。

まぐろのごま味噌茶漬け

［材料２人分］

まぐろ（刺し身用）… 100g

Ⓐ
- 味噌 … 大さじ1
- みりん … 小さじ2
- すり白ごま … 小さじ2

ご飯 … 茶碗2杯分

ほうじ茶 … 360ml

［作り方］

❶ まぐろは食べやすい大きさに切る。Ⓐをよく混ぜてまぐろをあえる。

❷ 器にご飯を盛って①をのせ、ほうじ茶をかける。

酒粕って何？

酒粕は、日本酒のもととなる「もろみ」を搾ったあとに残ったカスのこと。カスとはいえ、タンパク質や食物繊維、ビタミン、ミネラルを多く含んでおり、疲労回復、整腸作用、コレステロール抑制作用なども期待できる、素晴らしい食品です。

スーパーなどで見かけるのは板状の「板粕」や板粕をバラバラにした「バラ粕」。この本で紹介する料理には、これらの酒粕を使いました。吟醸酒の酒粕はクセがなく、クリームチーズとドライフルーツなどを混ぜ込むと（168ページ参照）、それだけでワインに合うディップになります。一方、奈良漬けや市販の粕漬けに使われるのは、酒粕を熟成させた「練り粕」です。

毎日少しずつ食べたい場合は、味噌3：酒粕1の割合で混ぜて、味噌汁に使います。体が温まるだけでなく、減塩もできます。

酒粕がかたい場合は、耐熱容器に入れて電子レンジで10～20秒加熱し、やわらかくしてから調理します。

帆立の酒粕わさびあえ

［材料２人分］

帆立（刺し身用）… 150g
酒粕 … 大さじ2（30g）
Ⓐ 塩麹 … 大さじ1
　 練りわさび … 少々
練りわさび … 適宜

［作り方］

❶ 酒粕は耐熱容器に入れて電子レンジで10秒加熱し、Ⓐとよく混ぜ合わせる。

❷ 帆立は熱湯でさっとゆで、表面が白くなったら冷水にさらして冷まし、水気を拭いて2～4等分に手で割る。

❸ ②を①であえる。

❹ 器に盛り、好みでわさびを添える。

おのメモ

わさび入りの酒粕は、鼻にツンとくるわさび漬けに似ています。
塩麹で独特のうまみも加えました。

粕漬け三種

［材料２人分］

いかの塩麹粕漬け

いか … 1ぱい
酒粕 … 大さじ2（30g）
塩麹 … 大さじ2

たらこの粕漬け

たらこ … 1腹（60g）
酒粕 … 小さじ2（10g）

牛肉の塩麹粕漬け

牛厚切り肉（ステーキ用）… 1枚
酒粕 … 大さじ1（15g）
塩麹 … 大さじ1
油 … 少々

※酒粕はそれぞれ耐熱容器に入れ、
電子レンジで10秒加熱しておく。

ラップを広げ、酒粕と塩麹を混ぜたもの
を半量塗りつけ、その上に牛肉をのせ、
さらに残りの粕床を塗る。

［作り方］

いかの塩麹酒粕漬け

❶ いかは胴から足をわたごと引き抜き、軟骨を取り除く。足とわたを切り分け、くちばしを取り除き、足は食べやすい長さに切る。胴は中を洗って皮をむく。

❷ 酒粕は塩麹とよく混ぜ合わせる。ラップを広げて半量を塗りつけ、いかをのせる。残りをいかに塗ってラップで包む。ジッパーつき保存袋に入れ、空気を抜いて口を閉じ、冷蔵室で2～5日漬ける。

❸ ラップを取ってアルミホイルで②を包み、オーブントースターで15 ～ 20分焼く。食べやすく切る。

たらこの粕漬け

❶ たらこは半分に切る。いかと同様にしてラップで包む。ジッパーつき保存袋に入れ、空気を抜いて口を閉じ、冷蔵室で2～5日漬ける。

❷ ラップを取ってたらこをオーブントースターに入れ、5～6分焼く。食べやすく切る。

牛肉の塩麹酒粕漬け

❶ 牛肉はペーパータオルで水気を拭く。酒粕は塩麹とよく混ぜ合わせる。いかと同様にしてラップで包む。ジッパーつき保存袋に入れ、空気を抜いて口を閉じ、冷蔵室で2～5日漬ける。

❷ 牛肉についている酒粕を軽くぬぐい取る。フライパンを中火で熱して油を引き、牛肉を入れて弱めの中火にし、蓋をしてじっくり中まで火を通す。食べやすく切る。

かぼちゃとレーズンの酒粕サラダ

［材料２人分］

かぼちゃ … 1/8個
酒粕 … 大さじ2（30g）
Ⓐ 味噌 … 大さじ1/2
　 オリーブ油 … 大さじ1
レーズン … 大さじ3

［作り方］

❶ かぼちゃは種を取って皮をまだらにむき、さいの目に切る。耐熱容器に入れてラップをかけ、電子レンジで３分加熱し、熱いうちにフォークなどでつぶす。

❷ 酒粕は耐熱容器に入れて電子レンジで10秒加熱し、Ⓐとよく混ぜ合わせ、かぼちゃ、レーズンをあえる。

おのメモ

味噌と酒粕で深みを出したかぼちゃサラダです。レーズンで甘みをプラス。
塩辛いおかずが続いたときの、口直しに最適です。

豚肉とアスパラガスの酒粕味噌炒め

［材料 2人分］

豚こま切れ肉 … 150g
酒粕 … 大さじ2（30g）
Ａ｜味噌 … 大さじ1½
　｜みりん … 大さじ1
グリーンアスパラガス … 1束
油 … 少々

［作り方］

❶ 酒粕は耐熱容器に入れて電子レンジで10秒加熱し、Ａとよく混ぜ合わせて豚肉にもみ込む。グリーンアスパラガスは根元のかたい皮をむき、斜めに切る。

❷ フライパンを中火で熱して油を引き、アスパラガスをさっと炒め、豚肉を加えて炒め合わせる。

おのメモ

シンプルで簡単な炒めものですが、酒粕と味噌がリッチな風味を醸し出します。ご飯もお酒も進む味です。お弁当のおかずにも。

酒粕ディップ三種

［材料 作りやすい分量］

あずきディップ（写真上）

酒粕 … 大さじ3（45g）
バター … 10g
ゆであずき缶 … 100g

ドライフルーツとくるみのディップ（写真中）

酒粕 … 大さじ3（45g）
クリームチーズ（18gのひと口サイズ）… 3個
くるみ … 30g
ドライフルーツ（レーズンなど）… 60〜70g

高菜ディップ（写真下）

酒粕 … 大さじ3（45g）
クリームチーズ（18gのひと口サイズ）… 3個
高菜漬け … 30g
オリーブ油 … 小さじ2

［作り方］

あずきディップ

❶ バターは常温に戻す。酒粕は耐熱容器に入れて電子レンジで20〜30秒加熱し、バターとよく混ぜ、さらにゆであずきをよく混ぜる。

ドライフルーツとくるみのディップ

❶ くるみはフライパンで軽く炒って粗く刻む。

❷ 酒粕とクリームチーズは耐熱容器に入れて電子レンジで20〜30秒加熱し、よく混ぜる。ドライフルーツとくるみを加えてよく混ぜる。

高菜ディップ

❶ 酒粕とクリームチーズは耐熱容器に入れて電子レンジで20〜30秒加熱し、よく混ぜる。

❷ 高菜漬けは粗く刻み、オリーブ油とともに①と混ぜる。

酒粕チキンとピーマンのカレー炒め

［材料 2人分］

鶏むね肉 … 1枚（約300g）
酒粕 … 大さじ1½
Ⓐ 塩麹 … 大さじ½
　カレー粉 … 大さじ½
ピーマン … 6個
オリーブ油 … 適量
塩麹 … 小さじ2

［作り方］

❶ 鶏肉はひと口大に切る。

❷ 酒粕は耐熱容器に入れて電子レンジで10〜20秒加熱し、Ⓐを混ぜる。

❸ ジッパーつき保存袋に①と②を入れ、袋ごとよくもむ。空気を抜いて口を閉じ、冷蔵室でひと晩漬ける。

❹ ピーマンは種とへたを取り、ひと口大に切る。

❺ フライパンを中火で熱してオリーブ油を引き、鶏肉を炒める。色が変わったらピーマン、塩麹を加え、鶏肉に火が通るまで炒める。

おのメモ

パサつきがちなむね肉が酒粕と麹のおかげでやわらかくなり、食べやすくなります!

酒粕クラムチャウダー

［材料 2人分］

玉ねぎ … 1個
じゃがいも … 1個
にんじん … ½本
ベーコン … 4枚
あさり水煮缶 … 1缶（120g）
オリーブ油 … 適量
塩麹 … 大さじ3
水 … 300ml
白ワイン … 100ml
酒粕 … 大さじ3
豆乳 … 400ml

［作り方］

❶ 玉ねぎは1cm角に切る。じゃがいも、にんじんも皮をむいて1cm角に切る。ベーコンは1cm四方に切る。

❷ 鍋にオリーブ油を引き、ベーコンを入れて中火で炒める。脂が出てきたら玉ねぎを加えて炒める。玉ねぎが透明になってきたらじゃがいも、にんじん、塩麹を加えてさらに炒める。

❸ 全体に塩麹がなじんだらあさり水煮缶を缶汁ごと入れ、水、白ワインを加える。煮立ったら弱火にし、あくを取って酒粕を溶かし入れ、少しずらして蓋をして20分ほど煮る。

❹ 野菜がやわらかくなったら豆乳を加え、ひと煮立ちさせる。

おのメモ

＊生クリームやチーズを使わなくても濃厚な味わい。
＊酒粕を溶かし入れるときは、味噌こしを使うと便利です。

魚肉ソーセージとチーズの酒粕春巻き

［材料２人分］

酒粕 … 120g
魚肉ソーセージ … １本
プロセスチーズ … ２個（30g）
Ⓐ｜小麦粉 … 小さじ１弱
　｜水 … 小さじ１
春巻きの皮 … ６枚

［作り方］

❶ 酒粕は耐熱容器に入れて電子レンジで30秒加熱し、やわらかくする（かたければ、さらに10〜20秒加熱する）。魚肉ソーセージとプロセスチーズは5mm角に切り、酒粕と混ぜ合わせる。

❷ Ⓐを溶き混ぜる。

❸ ①を６等分して春巻きの皮で巻き、巻き終わりを②の水溶き小麦粉でとめる。

❹ オーブントースターに③を並べて３〜５分焼く。